转型期中国劳动者集体组织发展路径分析

杨海涛◎著

企业管理出版社
ENTERPRISE MANAGEMENT PUBLISHING HOUSE

图书在版编目（CIP）数据

转型期中国劳动者集体组织发展路径分析 / 杨海涛著. —— 北京：企业管理出版社，2021.5
ISBN 978-7-5164-2376-9

Ⅰ.①转… Ⅱ.①杨… Ⅲ.①劳动组织—研究—中国 Ⅳ.①F249.23

中国版本图书馆CIP数据核字（2021）第073246号

书　　名：	转型期中国劳动者集体组织发展路径分析
作　　者：	杨海涛
责任编辑：	郑　亮　　黄　爽
书　　号：	ISBN 978-7-5164-2376-9
出版发行：	企业管理出版社
地　　址：	北京市海淀区紫竹院南路17号　　邮编：100048
网　　址：	http://www.emph.cn
电　　话：	编辑部（010）68701638　发行部（010）68701816
电子信箱：	emph001@163.com
印　　刷：	北京虎彩文化传播有限公司
经　　销：	新华书店
规　　格：	170毫米×240毫米　　16开本　　13.75印张　　220千字
版　　次：	2021年5月第1版　　2021年5月第1次印刷
定　　价：	58.00元

版权所有　翻印必究·印装有误　负责调换

前 言

一、引子：皮凯蒂的《21世纪资本论》

2014年，法国学者托马斯·皮凯蒂（Thomas Piketty）的《21世纪资本论》在中国发行之后，立刻引起国内外学者的广泛关注。这本书运用经济史学方法和政治经济学的逻辑推演，对过去300年许多国家的"劳动—资本"关系进行考察，强调了资本主义经济体系中的劳动关系不平衡发展。

在仔细阅读这本书和相关评论之后，作者不禁产生一系列联想：①中国社会经济体制转型过程中的劳动关系现实状况如何？②当前中国社会劳动关系中是否存在着利益冲突？③针对这些利益冲突的解决方案有哪些？④这些解决方案的实践效果如何？⑤从改善现有解决方案效果的角度来看，我们应该从哪些方面着手？针对这些问题的深入思考和反复斟酌，构成了作者的初始研究动力。

二、相关概念界定

本书研究主题是"转型期中国劳动者集体组织发展路径分析"，其中重要关键词的阐释如下。

（一）关键词一：转型

在本书研究内容中，"转型"是"社会经济体制转型"的简称。理解这个关键词需要包括以下两个要点。

（1）这里的"社会经济体制"可以分解为两部分：社会体制和经济体制。前者强调政府与社会之间的关系，涉及政府行政管理方式、社会组织管理制度、社会组织发展环境等；后者则强调经济运行体制，涉及资源配置方式、产业结构、经济增长方式等。

（2）"转型"意味着从一种制度状态转变为另一种制度状态。中国社会经济体制转型的第一项重要内容是"经济体制转型"，即由计划经济管理体制转变为社会主义市场经济体制；与此伴生的第二项重要内容是"社会体制转型"，即社会管理体制和各种社会组织形态的深刻变化。毫无疑问，"体制转型"已经构成我们分析中国劳动者集体组织现实问题的研究背景和前提条件。

（二）关键词二：劳动关系

根据政治经济学的普遍观点，资本主义国家中的劳动关系主要是资本家与雇佣劳动者之间的不平等关系，它突出表现为雇主与雇员之间的冲突和合作。根据常凯的观点，中国劳动问题以劳动关系为基础，以劳动者为主体，以劳权为核心，而劳动者权益（即劳权的实现问题）是中国劳动问题的核心[①]。

根据英国学者理查德·海曼（Richard Hyman）的观点，劳动力市场不仅仅是狭隘的经济上的供求过程的场所，它还包括权力和控制关系……无论是公开的还是隐藏着的冲突关系，都来源于产业与社会中的社会冲突[②]。

由此可见，劳动关系的分析重点是各种关系主体之间的利益冲突。如果要深刻理解这些利益冲突，那就必须思考一系列问题：各种关系主体的主观愿望和利益目标是什么？它们的客观能力如何？它们将会采取怎样的实践行动？这些实践行动将会产生什么结果？这些结果将会如何改变社会环境和竞争对手行为？关于这些问题的回答构成了作者分析"转型期中国劳动者集体组织"的基本出发点。

（三）关键词三：劳动者集体组织

劳动者集体组织是工会组织管理序列的基层组织。根据2013年中华全国总工会（以下简称全总）主席王兆国的观点，工会是中国共产党领导的、职工

[①] 常凯. 中国劳动关系报告——当代中国劳动关系的特点和趋向[M]. 北京：中国劳动社会保障出版社，2009.

[②] 理查德·海曼. 劳资关系：一种马克思主义的分析框架[M]. 黑启明，译. 北京：中国劳动社会保障出版社，2008.

群众自愿参加的工人阶级群众组织[1]。虽然随着劳动者群体的不断分化，各种类型劳动者集体组织不断涌现，但它们都直接面对着数量众多的单个劳动者们，它们都是特定地域或特定行业的劳动者群体利益代表者。虽然各种类型劳动者集体组织的产生根源、发展路径、组织形态具有显著差异，但它们的最重要组织活动内容都是劳动者们经常面临的工资、工时、劳动待遇、劳动保险等问题。

本书在充分肯定中国总工会管理系统合理性的前提下，重点分析中国总工会管理系统的基层部分，即各种类型的劳动者集体组织。根据劳动者群体的构成来源，本书重点探讨转型期中国劳动者集体组织的三种类型：①行政型劳动者集体组织，其典型代表是国有企业工会；②地缘型劳动者集体组织，其典型代表是农民工组织；③行业型劳动者集体组织，其典型代表是律师协会。

三、本书研究思路和逻辑结构

按照"问题导向"的研究思路，全书采用"总—分—总"的基本分析框架。主要内容包括三部分：①第一部分回顾转型期中国社会的劳动关系状况，提出通过推动各种劳动者集体组织发展来协调劳动关系。②第二部分是本书重点，深入讨论转型期中国劳动者集体组织的三种典型样本，以便探求各种类型劳动者集体组织的个性和共性。③第三部分尝试描述中国劳动者集体组织发展的未来图景。具体内容如下。

（1）第一部分主要包括：第一章《近代以来中国劳动关系演变的历史和现实》，即第一节《全球视野下的中国劳动关系演变历程》、第二节《转型期中国劳动关系的主要特征》、第三节《关于"劳动关系"命题的拓展理解》。第二章《转型期中国劳动关系的现实困境和协调方案》，即第一节《转型期中国劳动关系矛盾的直接原因》、第二节《转型期中国劳动关系矛盾的深层次原因》、第三节《协调转型期中国劳动关系的各种现有方案》、第四节《协调转型期中国劳动关系的思路探索：劳动者集体组织》。

（2）第二部分主要包括：第三章《行政型劳动者集体组织的重要样本：

---

[1] 王兆国. 王兆国在全总十五届七次执委会议上的讲话[N]. 人民网，2013年3月1日.

国有企业工会》，即第一节《国有企业工会的功能演变和组织变迁》、第二节《国有企业工会发展的现实困境》、第三节《国有企业工会发展路径的政治经济学解释》。第四章《地缘型劳动者集体组织的重要样本：农民工组织》，即第一节《农民工组织响应的社会需求》、第二节《关于农民工组织的社会学解释》。第五章《行业型劳动者集体组织的重要样本：律师协会》，即第一节《中国律师制度和律师协会的历史演进》、第二节《关于律师协会的博弈分析之一：普通律师之间的博弈关系》、第三节《关于律师协会的博弈分析之二：普通律师与律师事务所之间的博弈关系》。

（3）第三部分主要包括：第六章《转型期中国劳动者集体组织发展路径的解释框架》，即第一节《转型期中国劳动者集体组织的生成机制》、第二节《转型期中国劳动者集体组织的持续发展机制》、第三节《新时代中国特色社会主义背景中的中国劳动者集体组织未来发展方向》。

四、研究方法

本书内容为跨学科研究，涉及政治经济学、新制度经济学、社会学、政治学等诸多学科。因此，本书在主要采用政治经济学的专业术语和分析逻辑的基础上，力求综合运用多学科的知识工具和研究方法，以探求协调转型期中国劳动关系和解决中国劳动者集体组织发展难题的实践智慧。

（1）在分析转型期中国劳动关系的现实困境时，本书主要采用历史数据描述和图表分析。

（2）在探究转型期中国农民工组织的现实特征时，本书主要采用案例分析方法。在借鉴社会学知识的基础上，本书详细对比分析地缘关系影响、无组织的原子化行动、整合社会力量的组织化行动三种情况。

（3）在探讨转型期中国律师协会的产生原因和律师协会内部关系时，本书主要采用博弈分析方法。具体包括：①针对律师协会的产生原因，本书运用五个博弈模型，探讨"律师是否愿意加入律师协会"和"律师是否愿意积极参加律师协会活动"。②针对律师协会内部关系，本书运用两个博弈模型，探究"普通律师与律师事务所之间的博弈关系"。

（4）在展望转型期中国劳动者集体组织的未来发展图景时，本书在梳理既有文献的基础上，采用图形示意方法阐释作者对转型期中国劳动者集体组织发展方向的理解。

五、基本观点

（1）关于转型期中国劳动关系现状，这个研究命题涉及转型期中国社会场景的诸多方面。当我们探求协调转型期中国劳动关系的解决思路时，就必须在运用中国特色社会主义市场经济理论的基础上，充分重视中国社会的文化传统和实践场景。因此，这个研究命题属于多学科知识交汇的研究领域，需要综合运用政治经济学、法学、社会学、政治学等相关学科知识。

（2）关于转型期中国劳动者集体组织的生成机制，经济学角度强调"效率机制"，政治学角度强调"合法性机制"，社会学角度强调"社会网络机制"。本书认为，在转型期中国社会的现实场景中，大多数中国劳动者集体组织的生成机制是上述三种机制的综合；这些劳动者集体组织通过相互竞争和相互模仿，逐渐形成了转型期中国劳动者集体组织发展的现实局面。

（3）关于转型期中国劳动者集体组织的持续发展机制，劳动者集体组织的社会存在价值是社会合理性和行政合法性，两者必居其一。本书进一步强调，社会合理性关注民间力量的支持，行政合法性关注政府力量的认同。如果某种劳动者集体组织能够兼具社会合理性和行政合法性，那么它就能够同时获得社会力量和政府力量支持，也就能够调动更多社会资源以更好地实现组织行动目标。

（4）关于转型期中国劳动者集体组织的发展方向，本书认为，在坚持中国特色社会主义市场经济的前提条件下，转型期中国劳动者集体组织的发展趋势应当是"多元劳动者的自由联合"。具体而言，"多元劳动者"是中国社会经济体制转型的历史结果；"选择自由"是中国特色社会主义市场经济发展的现实要求；"联合行动"是中国社会持续稳定发展的基本保证。

六、后续研究方向

尽管作者竭尽全力，但由于知识限制和时间局限，仍然留下颇多遗憾。作者唯有在未来研究生涯中不断拓展研究方向，以弥补这些遗憾。针对研究命题《转型期中国劳动者集体组织发展路径分析》，作者将着力从两方面拓展后续研究方向。

（1）挖掘理论深度。虽然本书重点探讨转型期中国劳动者集体组织的三种类型，即行政型劳动者集体组织、地缘型劳动者集体组织、行业型劳动者集体组织，鉴于研究命题需要，作者着重考察转型期中国劳动者集体组织发展的"宏大"命题，但尚未对每种类型劳动者集体组织进行专门、深入、细致的"微观"剖析。这是作者的下一步研究工作重点之一。

（2）拓宽研究视野广度。主要包括两方面，一是时间的拓展。本书内容的研究重点是"转型时期之前"和"转型过程之中"，即强调过去历史和现在事实的具体描述，通过现有理论和客观事实的对比分析来探究现有方案的欠缺之处，尝试提出协调转型期中国劳动关系的崭新思路。在本书后续研究过程中，作者准备在继续重视事实描述和理论阐释的基础上，尝试构建转型期中国劳动者集体组织发展的基本理论解释框架，大胆预测"后转型时期"的各种可能性，力求为转型期中国劳动者集体组织提供更具有操作性的实践指导建议。二是空间的拓展。从作者的研究兴趣出发，转型期中国劳动者集体组织仅仅是以点窥面的研究切入点，最终研究意图是描述转型期中国社会经济体制变迁的整体场景，以及阐释各种类型中国社会组织的演进规律。

杨海涛
2021 年 1 月

目 录
contents

第一章 近代以来中国劳动关系演变的历史和现实 /001
第一节 全球视野下的中国劳动关系演变历程 / 002
一、近代以来全球劳动关系的演变过程 / 002

二、近代以来中国劳动关系的演变过程 / 007

三、国家发展战略与现代中国劳动关系演变 / 016

第二节 转型期中国劳动关系的主要特征 / 021
一、基于横截面视角的静态特征 / 021

二、基于纵向视角的动态特征 / 023

第三节 关于"劳动关系"命题的拓展理解 / 026
一、拓展理解之一：劳动关系矛盾的不可避免性 / 026

二、拓展理解之二：由破坏性到建设性 / 026

三、拓展理解之三：劳动关系矛盾的演化特征 / 027

第二章 转型期中国劳动关系的现实困境和协调方案 /029
第一节 转型期中国劳动关系矛盾的直接原因 / 029
一、工资收入 / 030

二、劳动时间 / 040

三、劳动条件 / 043

第二节　转型期中国劳动关系矛盾的深层次原因　/ 045
　　一、劳动者 / 046
　　二、雇主力量 / 050
　　三、政府力量 / 054
第三节　协调转型期中国劳动关系的各种现有方案　/ 057
　　一、政府视角：直接干预行动 / 057
　　二、劳动者视角：集体合同机制 / 063
　　三、企业视角：人力资源管理 / 066
　　四、劳动市场视角：市场与政府的关系 / 069
第四节　协调转型期中国劳动关系的思路探索：劳动者集体组织　/ 072
　　一、关于劳动者集体组织的重要研究命题 / 072
　　二、三种重要类型的劳动者集体组织 / 074

第三章　行政型劳动者集体组织的重要样本：国有企业工会 / 079

第一节　国有企业工会的功能演变和组织变迁　/ 079
　　一、第一时期：中国社会主义制度初创时期（1949—1977年）/ 080
　　二、第二时期：中国社会主义市场经济建设时期（1978—2011年）/ 083
　　三、第三时期：新时代中国特色社会主义时期（2012年至今）/ 087
第二节　国有企业工会发展的现实困境　/ 089
　　一、代表谁的权益：信任危机 / 089
　　二、代表什么权益：组织目标的模糊化 / 093
　　三、如何代表权益：组织手段的残缺化 / 098
第三节　国有企业工会发展路径的政治经济学解释　/ 102
　　一、劳动关系的社会经济基础 / 102
　　二、转型期中国劳动关系的影响因素 / 106
　　三、转型期中国社会的劳动者权利实现路径 / 109

目　录

第四章　地缘型劳动者集体组织的重要样本：农民工组织 / 113

第一节　农民工组织响应的社会需求　/ 113
一、中国农民工群体的发展进程　/ 113
二、转型期中国农民工群体的权利实现途径和组织需求　/ 117

第二节　关于农民工组织的社会学解释　/ 122
一、劳动者个体意愿与集体行动能力　/ 122
二、农民工组织的生成机制和动员机制　/ 126

第五章　行业型劳动者集体组织的重要样本：律师协会 / 131

第一节　中国律师制度和律师协会的历史演进　/ 131
一、律师制度的产生和发展　/ 132
二、中华人民共和国成立后的律师制度　/ 135
三、转型期中国律师管理体制改革和律师协会发展　/ 139

第二节　关于律师协会的博弈分析之一：普通律师之间的博弈关系　/ 142
一、普通律师是否愿意加入律师协会　/ 143
二、普通律师是否愿意积极参与律师协会活动　/ 147
三、延伸思考　/ 154

第三节　关于律师协会的博弈分析之二：普通律师与律师事务所之间的博弈关系　/ 157
一、律师协会的内部组织结构　/ 157
二、普通律师与律师事务所之间的博弈关系　/ 160
三、律师协会的维权条件　/ 168

第六章　转型期中国劳动者集体组织发展路径的解释框架 /173

第一节　转型期中国劳动者集体组织的生成机制 /173

一、转型期中国劳动者集体组织的生成机制之一：效率机制 /174

二、转型期中国劳动者集体组织的生成机制之二：合法性机制 /177

三、转型期中国劳动者集体组织的生成机制之三：社会网络机制 /181

四、三种生成机制的比较 /184

第二节　转型期中国劳动者集体组织的持续发展机制 /186

一、组织服务对象：社会合理性与行政合法性 /186

二、组织结构：激励机制与约束机制 /188

三、集体组织行动能力：权力与能力 /190

第三节　新时代中国特色社会主义背景下的中国劳动者集体组织未来发展方向 /191

一、党的十九大背景下的中国经济发展格局：新时代中国特色社会主义 /192

二、中国劳动者集体组织的未来发展方向：多元劳动者的自由联合 /194

参考文献 /199

后　　记 /205

第一章　近代以来中国劳动关系演变的历史和现实

劳动关系是转型期中国社会的重要问题之一。在中国社会经济体制转型的宏观背景下，微观领域中的劳动关系不断变化，这就要求学界提出新理论和新观点，对各种现实问题进行合理解释和寻求解决思路。特别是在新时代中国特色社会主义市场经济背景下，劳动关系正在成为深刻认识中国社会发展的重要研究角度之一，它也是学界和实业界广泛关注的社会热点问题之一。

中国学者认为，中国经济过去取得的成就来自劳动和资本要素双赢发展的内在激励和动力；中国经济当下所面临的挑战，也是产生于劳动和资本利益关系变迁引起的劳动力市场结构变化和调整；中国经济发展的未来，同样也取决于劳动-资本契约关系的重塑，以及由此带来的劳动力市场结构的深刻转型[①]。

正是基于这种认识，本书作者将本章内容安排为三部分：①全球视野下的中国劳动关系演变历程，强调中国劳动关系演变的世界背景和演变过程。②转型期中国劳动关系的主要现实特征。③从马克思主义政治经济学角度出发，拓展对"劳动关系"命题的认识理解。

---

① 权衡，等.劳动·资本关系变迁：中国经济增长的逻辑[M].上海：上海远东出版社，2015.

第一节　全球视野下的中国劳动关系演变历程

欲考察中国劳动关系的现实状况，必先了解中国劳动关系的演变历史。围绕中国劳动关系的演变历程，本书将从三个层面进行分析：①中国劳动关系演变的世界政治经济背景。②按照时间先后顺序，对中国劳动关系的历史演变过程进行具体描述。③探究影响中国劳动关系演变的各种现实因素，特别强调国家发展战略的深刻影响。

一、近代以来全球劳动关系的演变过程

劳动关系演变是社会经济发展的必然结果。当我们从全球视野来考察这个问题时，对中国劳动关系问题进行分析的研究背景将会更加开阔。根据世界经济史的普遍观点，近代以来全球劳动关系演变主要包括以下三个时期。

（一）18世纪中期到19世纪中期的劳动关系

1. 劳动关系的产生

18世纪中期第一次工业革命爆发，工业文明逐渐成为人们经济生活的主要内容。随着工业文明的不断扩张，人类社会逐渐由自然经济体系向市场经济体系转变，劳动要素与资本要素逐渐分离，从而形成雇员群体和雇主群体的两大利益集团。当劳动雇用关系出现之后，"劳动关系"逐渐成为社会各界广泛关注的重要问题。

2. 劳动关系的特点

从工业革命爆发到19世纪中期，世界资本主义社会正处在自由竞争时期，劳动关系相当紧张，体现为尖锐的阶级对抗和激烈的阶级冲突。具体表现为：①从雇员角度来看，工人斗争情绪高涨，如英国的卢德运动、彭特里奇起义，法国的里昂工人起义，德国的西里西亚纺织工人起义等。②从雇主角度来看，雇主的利润动机越来越强烈，他们试图通过最大限度地降低成本来获取高额利

润，其惯用手段包括压低工资、延长工作时间、威胁工人加班、提供恶劣工作条件等。

简而言之，这一时期的劳动关系始终处于高度紧张状态。在参与各方的较量过程中，雇主力量处于绝对优势地位；而政府则尽量不干预劳动纠纷，任由劳动市场中的雇主力量与雇员力量进行"自由"博弈。遗憾的是，这一时期中的劳动关系主导权却始终被雇主力量牢牢掌控；而处于弱势地位的雇员力量只能被迫采取激烈行动进行对抗，寄望于争取社会各界的关注。

（二）19世纪中期到20世纪初期的劳动关系

1. 劳动关系转型

随着资本主义生产关系的迅速发展，新技术革命不断取得新突破，这就引发人类历史上的第二次工业革命。在这一时期，资本主义的物质财富创造能力得到极大提高；然而从19世纪中期到20世纪初期，资本主义世界却连续经历五次重大经济危机，其结果是造成大量企业破产和大批工人失业，直接导致世界经济体系陷入急剧动荡之中。

在这种情况下，学界、雇员、雇主都在反思资本主义制度的固有弊端，他们从不同角度提出针对当时政府行为的意见和改进设想。正是在各方力量的积极引导下，此时的劳动关系逐渐趋于协调，而劳动者群体也逐步分享到社会发展的部分成果。正如法国学者博德（Beaud）所言，在19世纪70年代至第一次世界大战前夕的这段时期，德国实际工资平均增长了1/5，法国增长了2/5，与此平行的另一个运动是工作时间缩短的趋势[1]。

2. 劳动关系转型的三种力量来源

19世纪中期到20世纪初期，"劳动关系转型"日益成为世界资本主义经济体系的重要特征。这种趋势的形成力量来自三方面：①学界力量方面，以"泰勒制"为核心思想的企业管理理论强调雇主与雇员的利益一致，强调劳动关系

---

[1] 米歇尔·博德. 资本主义史：1500—1980[M]. 吴艾美，译. 北京：东方出版社，1986.

各方利益主体的共同合作，鼓励通过推动企业发展来谋求雇主和雇员的共同利益最大化。②雇员力量方面，在资本主义工业体系不断扩大的过程中，劳动者群体迅速发展壮大，它们逐渐成为非常重要的社会力量。与此同时，各种类型劳动者集体组织开始"有意识"地引导工人运动，尝试借助合法行动来维护劳动者群体的正当利益。③雇主力量方面，资产阶级势力继续依靠政府行动来限制劳动者权利和行动范围，但开始尝试采取怀柔措施和适当让步。

值得强调的是，在资本主义世界的劳动关系转型过程中，马克思主义者的不懈努力起着重要作用。马克思主义者认为，在原始资本主义社会的经济体系中，资本家一味追求高额利润和残酷压榨工人，这必然会造成工人的生活条件和工作条件不断恶化。如果任由这种局面继续发展下去，资本主义经济体系将会逐步走向崩溃。正是由于马克思主义者的大声疾呼，资本主义社会的各社会阶层有识之士开始深刻反省，呼吁资本主义社会的国家体系逐步调整政策导向。

（三）20世纪初期到20世纪后期的劳动关系

1. 两次世界大战后资本主义国家的经济复苏

在经历两次世界大战之后，主要资本主义国家都面临着战后重建的重要任务。无论是美国积极推行的"欧洲复兴计划"，还是战后德国和日本的经济腾飞，它们都反复表明经济发展命题的重要性。根据传统经济增长理论，生产要素充足程度是提升经济增长能力的关键因素，因此各国政府在对待劳动者利益方面都采取了较宽容政策，甚至主动帮助劳动者群体构建"集体谈判制度"，以便协调各种劳动关系主体之间的利益冲突，从而维护资本主义社会的生产秩序和社会秩序。由于数量庞大的劳动者们在两次世界大战中的重要作用，所以劳动者群体力量在资本主义世界的影响力也逐步上升。事实上，此时的劳动者群体已经不再是众多单个个体的"原子式集合"，而是逐渐凝聚成为具有"战斗力"的集体力量。

2. 集体谈判制度的产生和发展

在两次世界大战后世界经济体系重建的过程中，西方主要资本主义国家一直在寻求协调劳动关系的有效途径。从政府角度来看，它必须面对两大现实因素：①劳动要素是国民经济发展的重要基础力量。②劳动者群体对政治格局具有重要影响。特别在经历"法西斯"主义带来的世界性灾难之后，所有资本主义国家都充分认识到劳动者力量对重塑战后国家政治格局的重要作用。

基于维护资本主义国家利益的角度，一些政府部门开始着力于将劳动集体力量限制在经济领域，帮助劳动者争取更多经济利益。与此同时，作为维护劳动者集体利益的重要组织载体，各种劳动者集体组织也在反思自身发展的合理路径。它们希望实现的行动目标是既能够充分维护劳动者集体利益和生存发展权利，又不至于引起其他政治势力和雇主力量的"敌意"。因此，许多劳动者集体组织纷纷选择"自我约束"之道。

当然，政府机构和劳动者集体组织的这种态度得到雇主力量的积极响应。正是在政府、雇员、雇主的三方共同努力之下，"集体谈判制度"应运而生。在西方国家的集体谈判制度中，雇员力量和雇主力量是工资协商的直接参与者，政府力量则是第三方协调者和事后监督者。从德国社会经济发展的现实案例来看，集体谈判制度确实能够有效促进地区社会经济的迅速发展。集体谈判制度也逐渐覆盖欧洲大部分地区，并且变得越来越"精致"和复杂。

毫无疑问，从20世纪初期到20世纪后期，集体谈判制度是劳动关系变化的最重要特征。然而，我们必须认识到，任何一种制度形态必然是特定社会经济环境的产物，其适用条件仅仅存在于这种特定社会经济环境之中。当社会经济环境发生变化时，其适用条件可能会发生变化，这种制度形态就可能由"适应"环境变得"不适应"环境。因此，我们在考察任何结论时，必须高度关注这个结论成立的前提条件。虽然集体谈判制度在该时期取得了巨大成功，并且已经显示出它与该时期社会经济环境的强烈"适应性"，但随着未来社会经济发展和前提条件变化，集体谈判制度的"不适应性"将会越来越突出。

（四）20世纪后期至今的当代劳动关系

1.集体谈判制度的衰落

自20世纪80年代之后，世界社会经济体系发生深刻变化，主要呈现出两大特征：①企业而非国家成为经济发展的主导力量。②全球化浪潮推动跨国企业发展，推动着资本要素、劳动要素、技术创新在全球范围内的自由流动和配置，这就使得企业能够采用更多手段来规避不利于自己的各种政策因素（包括劳动政策），从而进一步增强跨国企业的经济权势[①]。

需要说明的是，新自由主义思想在这个过程中起着推波助澜的重要作用。新自由主义思想的政策实践主要体现在英国首相撒切尔夫人时期和梅杰政府时期。这两个时期的英国政府努力抑制工会力量发展，试图通过提高雇主自由度来增强本国企业对全球市场竞争环境的适应能力，这就会增加本国劳动力市场的竞争性和流动性。这一系列政策实施的直接后果是导致集体谈判制度的逐渐衰落。

从企业层面来看，集体谈判制度衰落的直接原因包括四方面：①一些企业试图利用政府公共政策管制弱化的时机，摆脱原有雇工制度对自己的不利影响，以便采用更加灵活的新型雇用方式，进而降低劳动用工成本和提高企业利润。②一些企业试图通过人力资源管理创新，逐步将劳动者纳入企业管理体系之中。在他们看来，这种做法既能消除劳动者对立情绪，又能提高企业管理效率。③一些企业通过工作场所创新和改造企业组织形态，力求使单个劳动者更好地发挥自身能力；并且通过股权分享等企业产权结构调整机制，力求为劳动者们提供更好的激励机制。④全球化浪潮为跨国企业在全球范围内进行资源配置提供了更便利的条件。

2.当代劳动关系调整的基本趋势

随着世界经济体系发展变化和集体谈判制度衰落，当代劳动关系也在逐渐

---

① 王兴化. 全球劳动关系的演变与中国劳动关系的转型[M]. 天津：南开大学出版社，2015.

第一章 近代以来中国劳动关系演变的历史和现实

进行调整。根据劳动经济学的相关文献资料,当代劳动关系调整的基本趋势主要体现在以下三方面。

(1)劳动关系调整的参与方式分散化。在集体谈判制度的衰落过程中,企业层面的"分散式谈判"逐渐替代产业层面或地区层面的"集体式谈判"。毋庸讳言,当企业力量处于强势地位时,这种分散式谈判方式显然更有利于企业,这使得它能够选择更有利的雇工方式和雇工条件。

(2)劳动关系调整的参与主体多元化。主要表现为:①从企业层面来看,现代经济体系下的企业形态呈现出多元化特征,国有企业、民营企业、外资企业对雇用劳动者具有不同的工作要求。②从劳动者层面来看,劳动者来源逐渐呈现多元化特征。雇用劳动者们既可能是原国有企业职工,也可能是农村剩余劳动力;既可能是从原企业跳槽的熟练员工,也可能是刚从学校毕业的学生。

(3)劳动关系处理机制的灵活化。在处理不同类型的劳动关系纠纷过程中,现代经济体系中的处理机制变得更加灵活;在面对不同劳动关系参与主体时,各种处理机制中的弹性条款日益增多。

需要说明的是,本书认为,集体谈判机制仍然具有强大的发展潜力。其未来发展趋势存在着一种可能性:当集体谈判机制逐渐衰落时,劳动者集体组织将会寻求变革,它试图通过劳动者集体组织的创新活动来对抗企业层面的人力资源管理创新和工作场所创新。

与此同时,劳动者应当更加深刻地意识到,如果众多劳动者的个体力量没有团结起来形成集体组织行动能力,那么雇员力量与雇主力量将会始终处于不平衡状态,劳动者的弱势地位将无法得到根本改变。事实上,唯有当社会经济环境条件发展孕育成熟时,集体谈判机制才有可能重新兴起。

二、近代以来中国劳动关系的演变过程

自近代中国劳动关系产生以来,中国社会经济格局曾经发生剧烈变化,劳动关系就成为我们考察中国社会经济体制变迁的重要因素。从时间维度的纵向

考察来看，中国劳动关系变化是近代中国社会经济结构调整的必然结果。

（一）第一时期：近代中国劳动关系的产生（1949年以前）

早在明朝中后期，中国社会已经出现商品经济萌芽。在鸦片战争之后，中国被迫加入世界经济体系，世界工业经济体系逐渐渗透到中国，这标志着近代中国工业的初期发展。在近代中国工业发展过程中，工业部门的工资水平远高于农业部门的工资水平，这就吸引了大量农村剩余劳动力，从而使中国工人队伍迅速发展壮大。正是在这种背景下，"劳动关系"逐渐成为中国社会的重要问题之一。

在马克思主义思想的影响下，中国社会的劳动者力量逐渐觉醒，工人开始自觉争取自身利益而开展一系列斗争活动。正是在这种背景下，1927年南京国民政府成立之后，专门设立"劳动局"和"社会局"，试图协调当时社会经济体系中的劳动关系。虽然这两个政府机构对于解决劳动关系矛盾的实际成效不大，但它们针对当时劳动关系状况的统计调查资料却是后来学者研究中国劳动关系问题的重要依据。

该时期的南京国民政府试图营造良好的劳动关系场景，进而稳定社会经济秩序。然而在当时劳动要素相对丰裕而资本要素相对匮乏的现实条件下，雇主力量必然成为近代中国劳动关系中的主导力量，而雇员力量只能通过经济领域之外的激烈对抗手段来争取权利和维护利益。

（二）第二时期："政府主导型"的中国雇员关系（1949—1978年）

1.中华人民共和国成立初期的劳动市场状况

在1949年中华人民共和国成立时，当时中国基本国情是劳动人口众多和经济水平落后。该时期的劳动市场状况主要表现为以下两项特征。

（1）农业领域的就业人口多。根据1952年年底的统计结果[①]，全国人口为54391万人，其中城市人口占11.8%；城乡就业人员占全国总人口的51.4%，

---

① 武力，李光田.论建国初期的劳动力市场及国家的调控措施[J].中国经济史研究，1994（4）.

其中工人总数为 1198 万人，占就业人口总数的 4.3%；农业劳动者为 24164 万人，占全国总人口的 44.4%，占全国就业人口的 86.4%。

（2）工业领域的劳动力结构性短缺。1949 年，在平均每万人中，仅有大学生 2.2 人，中学生 23 人，小学生 50 人。根据 1952 年全国干部统计资料[①]，在被调查的 247 万名干部中，大专以上文化程度者占 6.58%，高中文化程度者占 15.54%，初中文化程度者占 36.98%，小学文化程度者占 37.80%，文盲占 3.10%。

2. 国家主导型的劳动制度

在中华人民共和国建立初期，针对非公有制企业，政府采取"劳资两利"政策以缓解协调劳动关系；针对城市手工业，政府采取"公私兼顾、城乡互助、内外交流"的政策以妥善解决企业内部的各种劳动关系纠纷。随着 1956 年社会主义改造的基本完成，中国社会完全过渡到单一公有制的国民经济体系，其主要组成部分是全民所有制企业和集体所有制企业。在这种国民经济体系中，企业是国家的企业，职工是国家的职工，全体劳动者都是生产资料的共同占有者。此时，劳动关系中的各方利益主体都具有共同利益目标，自然不会存在劳动关系紧张问题；它们之间的利益导向分歧仅仅属于社会主义国家的人民内部矛盾。

那么在这种单一公有制的国民经济体系中，政府曾经采取哪些措施来协调劳动关系呢？大量文献资料表明，这些措施主要包括以下三方面。

（1）劳动用工制度："统包统配"。所谓"统包统配"，指的是劳动力就业由国家负责安排，统一分配到用人单位；国有企业在国家下达的劳动计划内用工，分配到国有企业的职工成为固定工，且实行终身就业制。这种劳动用工制度的具体形成过程有以下三点。

① 1950 年政务院发布通知，企业雇用员工必须向劳动介绍所提出申请，由劳动介绍所统一安排。

② 1952 年 7 月政务院发布《政务院关于劳动就业问题的决定》，强调

[①] 荣兆梓，等. 通往和谐之路：当代中国劳资关系研究[M]. 北京：中国人民大学出版社，2010.

一切公私企业不能随意解雇职工；如果因生产改革和提高劳动生产率而造成多余职工，企业应该采用"包下来"的办法。政务院同时规定，如果企业确实因经营困难而必须解雇职工，那也必须报经政府劳动部门批准；对于农村中的富余劳动力，应该主要通过发展农业生产和多种经营方式来进行就地解决。

③随着社会主义改造基本完成，1956年所有企业都已经实现国有化，"统包统配"的劳动用工制度也逐渐固定成为当时中国社会经济体制的基本制度内容。截至1956年，全国职工3500多万人，其中通过"统包统配"形成的固定工3200万人，占职工总数的91%。这些固定工享有"国家主人翁"地位，他们在薪资和福利等方面都受到国家保护。

（2）工资分配制度：平均主义。1950年政府对国有企事业单位实施"工资分"制度，以大行政区为标准对国有企事业单位实行技术等级工资制度，并且积极推广"计件工资制"和"奖励工资制"。与此同时，政府积极帮助民营企业职工进行工资协商，逐步实现民营企业的职工工资与企业经济绩效、个人贡献挂钩，并对工资浮动范围进行适度控制。

1952年，在民营企业内部的劳动关系纠纷不断增加的情况下，政府强调"劳资两利"原则，即参照国有企业职工的工资标准，对大中城市民营企业职工进行工资调整。由此可见，当时政府试图建立全国统一的工资标准，以缩小不同经济成分之间的职工工资待遇差异。

1956年，社会主义改造基本完成之后，国务院发布国家机关和企事业单位的最新工资标准，将劳动工资制度标准由"工资分"改为"货币工资"。在新工资标准中，国有企业的职工工资被分为8个等级，职工工资额度在30~135元之间[①]。此后，以"八级工资制"为核心的平均主义工资制度在中国国有企业中实行了近30年。当然，正是由于中央政府对企事业单位工资制度进行集中管制，以便协调当时劳动关系和维护社会秩序。

---

① 荣兆梓，等. 通往和谐之路：当代中国劳资关系研究[M]. 北京：中国人民大学出版社，2010.

（3）社会保障体系：单位制。1950年中央政府颁布《中华人民共和国工会法》（以下简称《工会法》），明确规定工会应当改善职工的物质生活条件。1951年政务院颁布的《中华人民共和国劳动保险条例》（以下简称《劳保条例》）对养老保险进行具体规定。一是退休年龄要求。通常退休年龄为男职工60岁，女职工55岁；对于特殊行业可以调整为男职工55岁，女职工45岁。二是退休待遇标准。退休待遇按标准工资的50%~70%给付，直至退休者去世。三是奖励。对于达到退休年龄仍愿意继续工作者，除享有本人应得工资外，还可获得标准工资的10%~20%的补助奖励。

此外，《劳保条例》还对城镇职工医疗制度、工伤、残疾待遇等进行明确规定。在1953年劳动部颁布的《中华人民共和国劳动保险条例实施细则修正草案》中，进一步明确营养食堂、托儿所、探亲费、生活困难补助等事项。

需要说明的是，该时期建立在"单位制"基础上的"低工资高福利"保障体系主要针对国有企事业单位职工，受益人群主要集中在城市地区。这就在客观上造成城市人口与农村人口的福利差异、保障体系差异，逐渐形成城乡差距格局。

3.劳动者集体组织的行动策略

由于劳动关系参与者的利益目标高度一致，雇主力量、雇员力量、政府力量都完全服从国家利益，所以该时期劳动关系比较和谐。此时劳动者集体组织主要发挥"传送带"作用，它着眼于帮助劳动关系的各方参与主体更加融洽地投入企业生产经营活动。该时期劳动者集体组织的具体职能主要体现在以下两方面。

（1）强调生产、生活、教育三位一体的工作方针。主要包括：①调动企业职工的主人翁责任感和劳动热情，积极开展劳动竞赛。②选拔优秀工人参加各级政权机构的管理工作，使得工会真正成为人民民主专政的重要支柱。③参与制定各种劳动保护政策，协助各级劳动人事部门制定和实施全国统一的工资制度。④加强企业职工的政治、文化、技术教育，以提高其政治素质和技术能力。

⑤加强工会自身的组织建设和对工会工作人员的培养。

（2）企业内部的民主管理。主要包括：① 1948 年第六次全国劳动大会通过《关于中国职工运动当前任务的决议》，提倡建立"工厂管理委员会"。② 1956 年 9 月召开的中国共产党第八次全国代表大会，提倡建立党委领导下的职工代表大会。

（三）第三时期：计划经济体制向市场经济体制的过渡（1978—1992 年）

1.过渡时期的中国经济体制改革思路

自 1978 年中国共产党十一届三中全会之后，中国社会经济局面发生了历史性转变，各级政府的工作重心逐步调整到经济建设方面，并且提出经济体制改革的基本思路。主要体现在以下三方面。

（1）1979 年全国农村地区推广家庭联产承包责任制，极大地调动了农村劳动者的生产积极性，迅速提高了农业生产效率。但这种情况使农村地区开始出现大量剩余劳动力。

（2）允许非国有经济发展。1979 年前后，大批下乡知青返城，城镇待业人口迅速增加。在这种情况下，1980 年中央政府提出"在国家统筹规划和指导下，实行劳动部门介绍就业、自愿组织起来就业、自谋职业相结合"的"三结合"方针。这在客观上使得大量城镇待业青年成为个体经营户和民营企业主，推动中国劳动市场逐渐由"计划手段严格管制"，转向"计划手段和市场手段共同调控"的双轨制时期。

（3）在非国有经济迅速发展的市场冲击下，中央政府开始思考国有企业改革问题。1984 年中国共产党十二届三中全会通过《中共中央关于经济体制改革的决定》，强调国有企业改革的重要性，并且希望改变原来国有企业的政企不分局面，逐步使国有企业真正成为相对独立、自主经营、自负盈亏的经济主体。

正是在上述三项因素的综合作用之下，中国社会开始逐渐形成真正意义上的劳动力市场。特别是在"单位制"松动的前提条件下，国有企业的原有技术人才和管理人才开始"主动"流动到劳动力报酬更高的地方,这就逐渐增强了劳动要素的市场流动性。

2.劳动者群体的多元化

随着民营企业和外资企业进入中国市场,中国国民经济体系中开始出现国有企业、民营企业、外商独资企业、合资企业等多种企业形态,中国劳动市场也开始出现固定工、合同工、临时工等多种用工形式。毫无疑问,该时期的劳动者群体已经逐渐分为不同类型群体,它们有着各自不同的利益诉求和行动目标。

根据中国学者潘泰萍的观点,中国劳动者群体多元化的整体趋势是劳动市场多维度发展的必然结果[①]。本书认为,推动中国劳动市场多维度发展的基本力量主要来自以下三方面。

(1)中央政府的"三结合"政策方针打破计划经济体制中的"统包统配"制度。随着国有企业的劳动用工制度改革不断推进,劳动力资源逐渐流动起来,劳动市场机制也逐渐发挥作用。更重要的是,在转型期中国劳动市场的发展过程中,企业形态多元化和企业用工形式多元化必然导致多元化的劳动者群体,而多元化的劳动者群体必然催生不同类型劳动者集体组织。

(2)"民工潮"是推动转型期中国劳动市场发展的重要力量。自1984年中央政府允许农村剩余劳动力适度流动以来,大量农民工进城务工经商。与此同时,1984—1989年期间的乡镇企业迅速发展也吸引着大量农村剩余劳动力从农业部门转移到非农产业部门。时至今日,大量农村剩余劳动力向城市地区和非农产业部门转移的基本趋势已经无法逆转。

(3)国有企业改革推行"全员劳动合同制",这就使得中国劳动市场的灵活性不断增强。正是在国有企业改革过程中,1986年9月国务院颁布《国营企业实行劳动合同制暂行规定》《国营企业招用工人暂行规定》《国营企业辞退违纪职工暂行规定》《国营企业暂行职工待业保险暂行规定》。这四项暂行

---

① 潘泰萍.新世纪中国劳动关系调整模式的转型研究[M].北京:光明日报出版社,2013.

规定打破了国有企业职工"能进不能出"的流动限制，极大地提高了国有企业用工灵活性。

（四）第四时期：市场经济体制的调整和继续发展（1992年至今）

1992年10月中国共产党第十四次全国代表大会明确提出，中国经济体制改革目标是建立社会主义市场经济体制。1993年11月中国共产党第十四届三中全会通过《中共中央关于建立社会主义市场经济体制若干问题的决定》。1997年9月中国共产党十五大报告指出，国有企业的改革方向是建立产权清晰、权责明确、政企分开、管理科学的现代企业制度。

由此可见，以国有企业改革和民营企业发展为核心的转型期国家战略基本成型，中国政府的执政重点是建立和发展具有中国特色的社会主义市场经济体制。当然，在中国特色社会主义市场经济体制的建设过程中，有时候充满道路波折，有时候突飞猛进。该时期的中国劳动市场发展过程主要包括以下两个阶段。

1. 第一阶段：中国劳动市场的巩固完善（1992—2001年）

（1）劳动力供需失衡的现实矛盾。1992年后的中国劳动市场发生重大变化，主要表现在：①体制内的大量国有企业职工下岗。特别是在1997年许多国有企业积极推行"下岗分流、减员增效"的改革措施之后，国有企业下岗职工人数急剧增加。从1997年开始国有企业下岗人数持续增长，直至2000年后持续放缓。②体制外的"民工潮"。1993年中国共产党第十四届三中全会提出，鼓励和引导农村剩余劳动力逐步向非农产业转移和地区间的有序流动，揭开"民工潮"序幕。由于大规模农村剩余劳动人口转移引起了社会治安和市场管理等方面的一系列影响，1994年年底中央政府开始着手控制农民工向城市地区的流动，这使得"民工潮"一度降温。但在20世纪90年代末期，随着城乡收入差距不断扩大，农村剩余劳动力向城镇地区转移的意愿越来越强，重新引发新一轮"民工潮"。在这种现实情况下，2003年中央政府逐步调整劳动要素流动政策，强调取消对农民进城务工就业的不合理限制，而以更积极的态度来对待农村剩余劳动力转移的问题。

正是由于体制内力量和体制外力量的共同作用，中国劳动市场的供给总量迅速增加。与此同时，许多地方政府积极推动本地企业规模扩张和本地产业升级，中国劳动市场的需求总量也迅速增加。在劳动供给和劳动需求的双重推动力之下，中国劳动市场获得更大发展空间。值得强调的是，中国社会的巨大人口基数使得中国劳动市场的供给总量相当丰富，由此形成的"人口红利"是推动中国地区经济发展的重要因素。

（2）针对新形势下的中国劳动市场变化，该阶段政府、企业、劳动者集体组织都各自提出应对措施。

①政府方面，逐步实施"主体自行协商、政府适时调整"的政策措施。1993年12月劳动部发布《关于建立社会主义市场经济体制时期劳动制度改革总体设想》，确立了劳动关系市场化运行的目标模式，希望通过促进各方参与者的自由协商来构建稳定和谐的劳动市场秩序。

②企业方面，逐步强化"管理者控制"策略。主要体现在两方面：一是通过完善"个人劳动合同"来增加劳动用工制度灵活性；二是增强管理层对工会组织的实际控制力，逐步将企业内部的劳动关系调整纳入企业控制范围之内。

③劳动者集体组织方面，各种类型劳动者集体组织纷纷以劳动者群体的代言人身份积极参与推动"集体合同制度"。虽然一些学者认为这项行动仅仅具有形式意义，但本书认为，这项行动使得劳动者利益能够在法律层面得到正式认可，为后来劳动者群体的合理表达利益诉求提供了重要法律保障。

2. 第二阶段：中国劳动市场的持续发展（2001年至今）

在2006年10月通过的《中共中央关于构建社会主义和谐社会若干重大问题的决定》中，发展和谐劳动关系是重要内容之一，这标志着中国劳动市场进入持续发展阶段。学界普遍认为，该阶段的劳动关系具有以下三项基本特征。

（1）劳动关系的市场化。随着中国社会经济体制改革的不断深化，中国劳动市场的基本作用机制逐步调整，即由政府力量主导的"行政控制"机制转变为由企业力量主导的"市场调节"机制。与此同时，许多企业组织内部也逐步建立市场化的劳动关系调整机制,这就在宏观层面和微观层面都推动着劳动要素配置的"市场化"进程。

(2)劳动关系的法制化。2007年《中华人民共和国劳动合同法》(以下简称《劳动合同法》)、《中华人民共和国就业促进法》(以下简称《就业促进法》)、《中华人民共和国劳动争议调解仲裁法》(以下简称《劳动争议调解仲裁法》)相继出台,这意味着政府逐步将劳动关系调整纳入法制规定的约束范围之内,在"依法治国"的国家战略导向下合理界定劳动关系各方参与者的权利和义务边界。

(3)劳动关系的全球化。随着中国经济改革开放的不断推进,中资企业与外资企业的交流合作越来越多,这就迫使我们应当从全球视野来分析中国劳动关系问题。

三、国家发展战略与现代中国劳动关系演变

中国劳动关系格局受到中国经济体制环境的深刻影响,转型期中国经济体制环境变化是宏观因素和微观因素的共同作用结果。具体而言:①宏观因素主要体现为"国家发展战略";②微观因素主要体现为企业组织和劳动者集体组织的具体特征。本书将在后文详细探讨微观因素,这里主要探讨宏观因素,主要体现在以下四方面。

(一)人口战略与劳动关系变化

1.现代中国社会的人口战略是"计划生育政策"

自1973年以来,中国全面推行计划生育人口政策,这对中国社会经济产生了深刻影响。主要表现在以下两方面。

(1)这项政策措施的优点主要体现为计划生育政策的短期效应。在实行计划生育的20多年时间里,中国社会能够有效遏制人口过快增长趋势,减缓环境承载压力,有利于提高中国居民的生活质量。

(2)由于计划生育政策实施过程中的执行重点是"人口总量"而非"人

口结构"问题,这就使得中国社会未来发展面临着未富先老、人口老龄化等情况。

2. 人口战略对中国劳动关系的影响

(1) 劳动力资源的地区间差异。由于不同地区计划生育政策执行力度的差异,这就使得沿海一带的人口增长率较低,而内陆地区的人口增长率依然较高。值得注意的是,从近年来地区经济发展趋势看,内陆地区依然存在着人口增长红利,内地经济体系具有很强劳动人口吸纳能力;虽然在过去30多年沿海地区经济增长速度显著快于其他地区,但内陆地区会在中国经济增长过程中占据越来越重要的地位。

(2) 劳动力资源的年龄结构变化。在中国政府推行计划生育政策的30多年中,中国人口的老龄化趋势逐渐显现。截至1990年,中国30岁以下的年轻劳动力约占劳动人口总数的50%。劳动人口的老龄化问题不仅使得中国经济继续增长缺乏必要的劳动力要素,而且带来很多社会问题。特别是独生子女的教育困难、新增劳动者的学习能力等问题,它们正在成为影响中国社会未来发展的重要因素。

(3) 劳动力资源的规模变化。计划生育政策必然对中国人口规模产生长远影响。相关研究资料表明,中国劳动力人口规模将在2030年左右开始出现较快下降趋势,从约10亿人下降到2050年的8.2亿~8.6亿人[1]。这种局面要求中国社会努力探求国民经济增长方式转型的有效途径。

本书认为,转型期中国社会的巨大"人口红利"绝对不仅仅是劳动力成本低廉。更为重要的是,转型期中国社会的庞大人口基数能够不断扩大消费市场,并且不断提高的人口密度也能够逐步拓展中国社会环境中的技术创新空间。如果从这个角度来看,转型期中国社会的"人口红利"远远没有消失,我们还能够从人口因素层面挖掘更大发展潜力。

---

[1] 国家人口发展战略研究课题组. 国家人口发展战略研究报告[M]. 北京:中国人口出版社,2007.

（二）工业化战略与劳动关系变化

1. 中国改革开放之前的工业化战略是"优先发展重工业"

在中华人民共和国建立初期，考虑到国际政治经济局势和国家经济安全等多重因素，中国政府采取"国家投资"为主和"优先发展重工业"的国家战略。正是在这种国家战略的实施过程中，中国逐步建成独立而完整的现代工业体系，城市地区的国有企业内部则逐渐形成以"单位制"为主的劳动管理体制。

需要注意的是，在当时国际环境下，后发国家要想摆脱落后局面，就必须充分利用"后发优势"来优先发展重工业，这必然要求中国政府对经济决策机制和产品销售等环节进行高度控制，这是历史选择计划经济体制的重要原因。正是在这种历史背景下，为了配合国家工业化战略思路，中央政府必然限制劳动力要素流动，要求农村地区吸纳大量劳动力人口。

2. 中国改革开放之后的工业化战略是"优先发展劳动密集型产业"

如果说选择"优先发展重工业"的理论依据是"后发优势"，那么选择"优先发展劳动密集型产业"的理论依据则是"比较优势"。在中国改革开放初期，大量农村剩余劳动力希望涌向城市地区和非农产业部门；而沿海地区在吸引国外资本要素时，正在面临着选择优先发展产业类型的重要问题[①]。历史证明，当中西部地区的大量农村剩余劳动力转移到沿海地区之后，沿海地区的劳动力市场开始呈现供给过剩局面；这就使得沿海地区的劳动市场中存在着价格低廉的劳动供给，沿海地区的企业能够极大地降低工资成本。事实上，正是依据"比较优势"原理，"劳动密集型产业"逐渐成为沿海地区优先选择的产业集聚发展类型。

值得强调的是，由于中国地区发展的不平衡性，各地拥有的"比较优势"是不同的，因此不同地区的优先发展产业必然存在差异。特别是通过30多年的经济发展，中国沿海地区已经形成良好贸易条件和资本要素流动环境；在劳动

---

① 权衡，等. 劳动·资本关系变迁：中国经济增长的逻辑[M]. 上海：上海远东出版社，2015.

要素变得更加昂贵的条件下,未来沿海地区将会努力推动资本密集型产业发展。与之相对,中国内陆地区的劳动要素比较优势仍然没有消失,劳动密集型产业仍然是较为合适的现实选择。特别是在沿海地区进行产业结构升级的现实条件下,中西部地区正好可以接纳沿海地区转移过来具有劳动密集型特征的一些企业,这也是中西部地区经济增长的阶段性机遇。

(三)城市化战略与劳动关系变化

1. 中国经济改革初期的地区发展战略是"城市化战略"

针对中国地区发展战略问题,学界曾经出现两种声音:"梯度发展理论"和"增长极发展理论"。从实践层面来看,这两种理论对于中国地区经济发展都曾经具有重要影响。事实上,过去和目前的中国地区发展战略都是这两种理论的综合影响结果。

"梯度发展理论"的影响表现在:①从全国范围内的城市发展布局来看,东部、中部、西部的城市发展程度具有显著梯度特征。②从大城市、中城市、小城市、城镇的逐级布局来看,中国地区发展具有明显的层级结构特征。

"增长极发展理论"的影响表现在:①依托"增长极"的积聚效应,周边地区的各种要素将会聚集到城市地区,这既有利于城市基础设施建设,也有利于为城市居民提供教育、医疗等公共资源,更有利于劳动人口向城市地区的进一步聚集。②依托"增长极"的扩散效应,中心城市将会带动周边地区进入经济高速发展轨道。近年来在许多中心城市的周边地区盛行的"半小时经济区"就是证据。

综合"梯度发展理论"和"增长极发展理论",大城市、中城市、小城市、城镇在中国地区经济发展的巨幅地图中形成了各种规模的"增长极"。由于它们的"梯度"特征不同,这些"增长极"的积聚效应和扩散效应必然存在着差异,这正好符合现代社会的"网络化"特征。在区域经济发展的现代社会"网络"结构中,各种具有支撑功能的不同"节点"存在着显著差异,它们的大小和高低都不尽相同,因此这些节点在"网络"结构中的影响力是不同的,它们深刻影响着中国社会经济的"网络"的结构特征,使得中国社会经济发展的整体前景和地区经济发展结构存在着多种可能性。

2.城市化进程中的劳动关系变化

转型期中国社会的城市化战略与劳动关系变化呈现出相互影响的特征:①城市劳动力市场与农村劳动力市场具有很大价格差异,这引导着大量农村剩余劳动力进入城市地区,这就使得城市发展拥有廉价而充足的劳动力资源,它们成为城市发展的重要推动力。②当大量农村剩余劳动力进入城市地区之后,在城市劳动市场的竞争环境中,劳动者的市场谈判地位将会下降。毋庸讳言,在子女教育、医疗卫生、居住成本等诸多方面,进城农民工和原有城市居民之间存在着巨大差异,这就使得进城务工的农民工难以充分分享城市经济发展成果和城市公共资源。

作者认为,中国城市地区应当妥善处理"劳动关系调整"与"城市发展"的关系。如果城市地区的劳动力市场继续保持"资强劳弱"的局面,这不仅难以保证劳动者的合法权利和合理诉求,而且可能会阻碍城市地区的经济增长和社会发展。

(四)市场化战略与劳动关系变化

1.市场化战略对劳动关系变化的正面影响

目前学界普遍认为,中国经济改革的成功得益于核心内容为"放权改革、渐进式改革、增量拉动"的市场化战略。在过去30多年的中国经济发展过程中,市场化战略要求中国政府逐渐放松劳动要素管制,引导劳动资源流动到城市地区和非农产业部门。特别是随着中国社会经济体制转型的不断深化,城市地区的劳动力需求急剧增加,这就给大量农村剩余劳动力流动提供了难得机遇,他们有可能通过自身努力在城市地区争取到更好的生活条件和工作条件。

2.市场化战略对劳动关系变化的负面影响

根据新古典经济学的观点,市场机制是最有效的资源配置方式,但它无法解决社会公平和国家稳定发展问题。在中国社会经济体制转型的最初 10 年中，劳动关系变化的基本趋势是有利所有群体利益；但随着中国经济的不断发展，劳动者群体利益的增长速度未达到预期目标。

本书认为，唯有使处于弱势地位的劳动者能够有效而合理地进行利益主张，才能有助于中国社会构建和谐劳动关系与推动国民经济整体发展。这也正是本书写作的重要意图。

第二节 转型期中国劳动关系的主要特征

本书认为，"劳动关系"的主要特征表现为劳动者与企业主之间的利益分歧，以及两者之间的相互争斗行动。本节将从两个层面进行具体分析：一是基于横截面视角的静态特征；二是基于纵向视角的动态特征。

一、基于横截面视角的静态特征

转型期中国社会的劳动关系具有以下三项主要特征。

（一）劳动关系矛盾的发生模式"自组织化"

在考察近年来涉及劳动关系矛盾的大量典型案例时，我们发现：一些劳动者集体组织处于"缺位"或"错位"状态。主要表现在：①一些劳动者集体组织在代表本企业劳动者利益跟雇主进行集体合同谈判时不够积极主动，即"缺位"。②一些劳动者集体组织在涉及劳动关系的群体性冲突事件中未能找准自己的位置，仅仅满足于扮演置身事外的调节者和协调者，即"错位"。事实上，在大量存在"缺位"和"错位"的情况下，劳动者集体组织的"自组织"趋势已经越来越明显。这意味着，许多劳动者可能会自发组织起来，通过手机短信、QQ 群等现代交流方式，自发组建各种类型劳动者集体组织来谋求共同权益最大化。

本书认为，劳动者们的"自组织"行动对协调劳动关系具有两点积极意义：①自组织行动的重要内容是把分散的劳动者个体整合为劳动者集体组织，这将会有助于实现劳动者们的共同利益和合理权利。②自组织行动有助于推动劳动关系的具体处理过程，由于劳动者集体组织能够代表分散的劳动者进行利益表达，所以雇主方面能够避免有矛盾而没有谈判对象的尴尬局面，这使得劳动关系中的各方参与者能进行充分有效的意见交流和协商活动。在涉及劳动关系的许多群体性冲突事件中，正是由于劳动者们的一些自组织行动，才使得事件处理过程有效避免各方参与者陷入"双输"局面。

然而，我们也必须重视"自组织"行动可能带来的负面影响：国外政治组织可能会利用中国劳动者群体的利益诉求情绪，以"独立工会"等形式渗透到中国社会经济领域的诸多方面。事实上，如果体制内劳动者集体组织对劳动者群体的"自组织"行动听之任之，仅仅满足于通过妥协行动来回避劳动关系矛盾，那么劳动者群体将会被迫更加依赖体制外组织。毫无疑问，这种局面显然不利于转型期中国社会的政治稳定和国家安全。

正因此，转型期中国社会应当高度关注劳动者群体的"自组织"问题，应该积极推动劳动者集体组织建设，以便有效维护劳动者群体的合理利益和正当权利。进而言之，唯有重新获取劳动者信任，中国社会的现实场景才真正符合社会主义的本质要求，这样才能有效促进中国社会的整体和谐发展。

（二）劳动关系矛盾的形式"多样化"

由于劳动者分化类型、企业主类型、劳动者个人性格等诸多方面的地区差异，劳动关系矛盾的具体形式必然呈现出"多样化"趋势。甚而言之，当劳动关系矛盾变得尖锐时，处于弱势地位的劳动者可能会采取过激行为，给自身或他人造成伤害。根据它们与劳动者自身的"距离"远近，本书将这些过激行为归纳为三种类型。

（1）劳动关系中的利益受损者对自身实施损害行为。

（2）劳动关系中的利益受损者对侵害自身利益的雇主实施侵害行为。

（3）劳动关系中的利益受损者对无辜的社会公众实施侵害行为。

当然，这些过激行为仅仅是"冰山一角"，它们远远不是劳动关系的全部内容。根据劳动法学理论，上述"侵害行为"属于弱势劳动者的"积极行动"；在转型期中国社会的现实场景中，处于弱势地位的劳动者往往采取"消极行动"，以对抗雇主的不合理要求。这些"消极对抗"行动呈现出多种形式。

（三）劳动关系矛盾的影响范围"扩大化"

（1）在涉及劳动关系矛盾的群体性事件中，涉事人数规模日益扩大。

（2）劳动关系矛盾的涉及范围往往不是一家企业，常常蔓延到整个产业链条的上下游企业，以及所在产业园区的大量同类型企业，它具有很强"示范效应"和"连锁反应"。

虽然近年来劳动关系矛盾的影响范围"扩大化"趋势有所缓解，但我们仍然需要足够重视这种现象。本书认为，这种现象的产生原因主要有两点：①在中国经济增长迅速的背景下，大量外资企业和合资企业涌入中国，它们采用的企业运营模式和劳动力管理方式基本相同，对待企业员工的态度也基本相同，这就造成在这些企业中的劳动者具有"高度同质性"。因此，一旦它们中的某个企业发生劳动者集体行动，很容易引起其他企业劳动者的"同质化"行动，从而使劳动者们的行动迅速蔓延开来。②许多企业的新增就业人口主要是年轻人，他们中的一部分人刚刚从学校毕业，同时又具有一定文化素质和较高维权意识，所以他们表达自己利益诉求的欲望相当强烈。

二、基于纵向视角的动态特征

中国学者何勤认为，随着劳动者结构特征的变化和劳动者权利意识的觉醒，权利争议也成为引发群体性劳资冲突事件的不可忽视的因素[①]。随着中国社会经济体制改革的不断深化，劳动者群体的行动策略和企业发展策略也逐渐变化。在这种背景下，劳动关系矛盾的动态化特征相当明显：由权利诉求为主转变为利益诉求为主，再转变为权利诉求和利益诉求并存。本书将这一转变过程划分为三个阶段。

---

① 何勤. 群体性劳资冲突事件的演化及应对[M]. 北京：社会科学文献出版社，2014.

（一）1978—1992年：以权利诉求为主

1978—1992年是计划经济体制向市场经济体制的过渡时期，习惯计划经济体制的劳动者们仍然具有强烈的"国家主人翁"意识，这一阶段的劳动关系矛盾主要集中在权利诉求方面。具体表现在以下三个层面。

1. 返城知青争取"就业权"

在1978年开始的知青返城大潮后，返城知青的诉求主要集中在就业安置、工龄计算等方面。事实上，在重返城市地区之后，返城知青既有对未来城市生活的向往，又面临着现实城市生活的生存压力，他们必然强烈要求中央政府和地方政府提供就业岗位，要求解决他们的"就业权"问题。

2. 国有企业职工争取"企业管理参与权"

伴随着20世纪80年代开始的国有企业改革深化过程，企业自主权逐渐扩大，国有企业经营管理者的权力范围不断扩大。此时的国有企业劳动者们具有强烈的"国家主人翁"意识，他们认为国有企业是集体劳动成果，不应该被少数经营管理者占有；国有企业职工应当拥有"企业管理参与权"，应当对国有企业经营管理的重大决策问题拥有"知情权"。

3. 一些非公有制企业的雇员争取"劳动权利"和"人身权利"

在1978—1992年期间，计划经济管理后期的"短缺"特征给非公有制企业带来了前所未有的市场发展机遇。然而，由于当时政府机构的劳动监管力度较弱，许多非公有制企业缺少健全企业劳动制度。在作者的认知范围内，劳动者不仅是"一种参与生产过程的要素"，更是一个"人"，他们应当拥有基本的劳动权利和人身权利保障。如果劳动权利和人身权利遭到外来侵害，劳动者必然会奋起反击。

（二）1992—2001年：以利益诉求为主

随着中国社会经济体制转型的不断深化，非公有制经济的市场地位逐渐抬升，越来越多国有企业职工转移到民营企业。在经历艰难的下岗和再就业过程之后，一些原有国有企业职工更多关注企业能够给予自己的现实经济利益。该阶段的劳动关系矛盾主要集中在利益诉求。

根据媒体报道，该阶段劳动关系矛盾的涉事主体有两类人群：一是农民工群体，他们主要集中在建筑业等劳动密集型行业。二是劳务派遣工，他们经常面对缺乏劳动保障、劳动环境恶劣等问题。

（三）2001年至今：权利诉求与利益诉求并存

该阶段的劳动关系矛盾主要围绕着权利诉求和利益诉求并存展开。主要影响因素有两项。

1. 劳动者权利的法律认可和行政认可程度

随着2008年《劳动合同法》《劳动争议调解仲裁法》《就业促进法》等相关法规的相继出台，劳动者权利得到法律层面和行政层面认可，这就使得劳动者有可能通过法律途径和行政途径去争取合法权利和合理利益。国家法律制度成为劳动者维护自身合理权益的重要保障。

2. 劳动者的权利意识

在跟雇主力量争取经济利益的过程中，一些雇员逐渐意识到如果没有"劳动权利"保障，仅仅只谋求劳动者利益维护也只能取得暂时性结果，劳动者利益在未来社会中仍然具有很大不稳定性。本书认为，实现长期稳定的劳动者权益维护行动需要两项必要条件：①政府层面和企业层面不断完善设计劳动者权益保护的相关制度安排。②雇员方面着力建设能够真正维护劳动者权益的劳动者集体组织，以便在政府力量支持下向雇主方面争取合理经济利益。

需要强调的是，一些学者认为，劳动者们应当团结起来构建劳动者集体组织，才能努力争取到合法权利和合理利益。当然，从增强劳动者谈判能力的角度来看，劳动者集体组织仅仅是各种选项之一。在缺乏劳动立法保护的社会环境中，即使雇员方面能够建立起劳动者集体组织，但它只会使劳动关系不断恶化，这显然不利于中国社会经济的长期稳定发展。

第三节 关于"劳动关系"命题的拓展理解

针对中国劳动关系矛盾的主要特征,现有研究成果主要集中在事实层面。毫无疑问,关于中国现实问题的事实描述确实能够给我们提供丰富素材和研究内容,但也可能让我们的研究视野局限在具体案例之中,而无法拓展到更加广阔的真实世界。因此,我们必须从事实层面跳出来,拓展对劳动关系命题的认识理解,并且努力将这个问题纳入中国社会公共事务管理的宏大命题之中。

一、拓展理解之一:劳动关系矛盾的不可避免性

一些学者认为,劳动关系矛盾是可以避免的。本书则认为,在转型期中国社会的现实场景中,雇员和雇主是劳动关系的对立面,双方的利益取向和行动目标必然存在差异,因此劳动关系矛盾具有不可避免性。这是我们必须正视的重要问题,无须"讳疾忌医"。

马克思曾经说过,资本主义生产的真正障碍是资本本身[①]。在资本主义社会的生产关系中,技术变革和企业扩张是现代经济发展的常态,但它同时增加了未来社会发展的不确定性和不安全感,这就需要劳动关系参与主体进行相互合作,需要政府机构通过社会控制来维持资本主义市场过程。

事实上,在中国特色社会主义市场经济的现实场景中,雇员与雇主在企业生产过程中结成工作关系。他们如何确定工作关系中的边界?这需要劳动关系的各方参与者不断进行协商和调整行动策略。需要强调的是,这种行动策略调整过程的前提条件就是必须正视劳动关系矛盾的不可避免性,它也是我们探求劳动关系协调方案的重要前提条件。

二、拓展理解之二:由破坏性到建设性

在一些媒体报道中,劳动关系矛盾往往表现为对企业生产经营活动的破坏

---

① 马克思. 资本论(第3卷)[M]. 北京:人民出版社,1998.

性。本书认为,唯有正视劳动关系矛盾,我们才能不断探求协调劳动关系的"建设性"方案。具体而言,通过雇员行动与雇主行动的相互妥协,我们有可能寻求双方利益的"最大公约数";通过向社会各界展示劳动者的利益诉求和权利要求,社会公众能够更加重视劳动权利保护问题;通过协调劳动关系的实践过程,企业管理者能够发现企业管理运营过程中存在的各种制度缺陷,进而改善企业经营管理机制和提高企业运营效率。

随着现代社会经济体系的不断完善,企业管理者们更愿意在集体谈判的法律框架内跟劳动者们进行协商,寻求雇主和雇员都能接受的解决方案。

在中国社会经济体制转型的现实场景中,我们应当正视劳动关系问题,应当清醒地认识劳动要素和资本要素在生产过程中的不同作用。特别是在坚持"以人为本"的基本思想前提条件下,我们应当不断重申劳动者作为"人"的权利要求和利益诉求。

三、拓展理解之三:劳动关系矛盾的演化特征

根据制度经济学的基本观点,制度变革进程将会不断出现新生事物和新问题,这就需要通过不断的制度创新来解决新问题。在中国社会经济体制转型的过程中,雇员力量和雇主力量在国民经济体系中的地位也随之不断变化。雇主和雇员都会不断调整行动策略,以适应不断变化的社会经济场景。这种行动策略调整过程深刻影响着转型期中国社会的劳动关系,使得劳动关系矛盾具有"演化特征"。这里的"演化特征"主要包括两层含义。

(1)劳动关系矛盾将在长期内持续存在。如果劳动者在生产过程中的委屈和不满情绪无法得到妥善解决,那么劳动关系矛盾将会长期存在。从这个角度来看,任何试图彻底解决劳动关系问题的"终极方案"都是无法实现的。既然彻底解决劳动关系问题是不可能的,那就应当正视这个问题,以积极态度来改善雇员和雇主的行动策略,这样才有可能最终构建具有建设性的劳动关系。

(2)劳动关系矛盾的具体形式将会不断变化。在不断变化的社会经济场景中,劳动关系矛盾的具体形式也将会不断变化。从劳动关系的历史演变过

程来看，不同时期的劳动关系矛盾形式具有强烈"时代特征"。主要表现为：①从18世纪中期到20世纪初期，劳动关系矛盾主要表现为雇员和雇主争夺企业控制权。②从20世纪初期到20世纪后期，劳动关系矛盾主要表现为雇员的具体经济利益诉求和权利要求。③在中国社会发展的未来场景中，劳动关系矛盾可能主要集中表现在利益诉求渠道方面，特别是劳动关系的各方参与者将会利用网络、微信、QQ等现代媒体工具争夺话语权，谋求更高的工资要求和劳动者福利待遇。

进而言之，转型期中国社会正处于"演化过程"的过渡阶段，中国劳动关系矛盾具有相当强烈的"混合特征"。其主要理由是：①由于中国特色社会主义市场经济体制仅仅建立20多年，转型期中国劳动关系具有很强的"原始性"，所以劳动关系中的不同利益主体将会长期存在。②由于企业形态差异和劳动者分化，中国劳动者群体将会呈现多元化趋势，而各种类型劳动者将会寻求不同类型劳动者集体组织作为劳动者集体力量的组织载体。③从诉求目标来看，转型期中国社会的劳动关系矛盾既涉及对企业控制权的争夺，也涉及具体经济利益诉求和权利要求。④从具体经济利益诉求和权利要求的实现方式来看，中国社会的劳动关系矛盾既有"力的较量"，即劳动关系中各方参与者之间的谈判力量对比，也有"技巧的较量"，即现代媒体工具的控制权争夺。

第二章　转型期中国劳动关系的现实困境和协调方案

转型期中国社会的劳动关系矛盾应当被纳入中国社会经济体制转型的宏观背景之中进行考察。事实上，面对纷繁复杂的中国社会经济情况，我们需要在理论研究与事实描述之间进行反复比较，才有可能求得合理解释。我们不能局限于劳动关系问题，而应当从宏观角度来考察转型期中国社会场景，这样才能对中国社会经济发展的过去、现在、未来形成完整印象；据此提炼出来的"中国经验"才有可能复制到其他地区。

基于这种认识，本章内容分为四部分：①转型期中国劳动关系矛盾的直接原因，主要集中在工资收入、劳动时间、劳动条件。②转型期中国劳动关系问题的深层次原因，主要集中在雇员力量、雇主力量、政府力量。③仔细剖析协调中国劳动关系的各种现有方案，指出各种协调方案的适用条件和局限性。④从劳动者集体组织角度，尝试提出协调转型期中国劳动关系的思路探索。

第一节　转型期中国劳动关系矛盾的直接原因

根据中国学者常凯的观点，中国劳动关系矛盾的直接原因集中在劳动者的三项基本权利：生活权、生存权、生命健康权；这三项基本权利的具体影响因素就是工资收入、劳动时间、劳动条件，这三方面构成中国劳动关系最重要的问题[①]。因此，本书将从这三方面来分析体制转型背景下中国劳动关系矛盾的直接原因。

一、工资收入

（一）中国工资分配制度的历史变迁

根据《关于贯彻执行〈中华人民共和国劳动法〉若干问题的意见》中，劳动法中的"工资"是指用人单位依据国家有关规定或劳动合同的约定，以货币形式直接支付给本单位劳动者的劳动报酬，一般包括计时工资、计件工资、奖金、津贴和补贴、延长工作时间的工资报酬以及特殊情况下支付的工资等[②]。在本书研究内容中，"工资收入"与"劳动报酬"的概念范围相同。随着中国特色社会主义市场经济体制的确立和完善，中国社会的工资分配制度也在不断调整。基于劳动者权益角度，本书将中国社会工资分配制度的变迁过程划分为四个阶段。

1. 第一阶段：1949—1977 年

在计划经济体制条件下，政府采取"统分统配"政策，对党政机关、全民所有制企业、集体所有制企业的所有职工，严格执行八级工资制度。

2. 第二阶段：1978—1991 年

在中国经济改革开放的宏观背景下，中国工资分配制度也逐渐进行调整。主要体现在四方面：① 20 世纪 80 年代初期，受短缺经济条件的继续影响，体制外的民营企业依靠灵活机制获得迅速发展，民营企业职工和乡镇企业职工也随之成为受益者之一。②在 1984 年城市经济体制改革启动之前，计划体制内职工的基本工资增长缓慢，但他们的工资外收入和社会福利提高幅度较大。③随着城市经济体制改革的推进，国有企业在"按劳分配为主体、其他分配方式为补充"的思想引导下，逐步打破"大锅饭"的工资分配制度。④在政府逐渐放

---

① 常凯. 中国劳动关系报告——当代中国劳动关系的特点和趋向[M]. 北京：中国劳动社会保障出版社，2009.
② 劳动部. 劳动部关于印发《关于贯彻执行〈中华人民共和国劳动法〉若干问题的意见》的通知[Z]. 1995.

松国有企业工资管制的条件下,中国工资分配制度的调整方式逐渐由"微观控制"转变为"宏观调控",逐步确立"工资绩效挂钩"制度。

3. 第三阶段：1992—2000 年

在"效率优先、兼顾公平"的思想指导下,适应于社会主义市场经济体制的工资分配制度逐渐确立起来。中国共产党十四届三中全会指出,继续坚持"按劳分配为主体、其他分配方式为补充"的工资分配制度,允许各种生产要素参与企业的收益分配。

该阶段工资制度改革的具体情况主要包括三方面：①政府进一步扩大国有企业经营权,国有企业对内部职工的收入分配拥有更多自主权。②在非国有经济成分不断发展的条件下,劳动者的收入来源形式不断增多,收入分配机制呈现多元化趋势。③20 世纪 90 年代中期开始,国有企业深化改革不断推进,在"抓大放小"的思想指导下,国有企业逐步采取一些改革措施。例如,承包租赁、利改税、股份制改造等。这些改革措施的直接后果是大量国有企业职工下岗进入非国有经济领域,转型期中国社会的收入分配制度调控重点开始逐渐倾斜。

4. 第四阶段：2001 年至今

随着中国经济体制改革的不断推进,中国日益重视社会和谐与公平公正。自 2006 年新一轮工资制度改革开始,中国政府以"限高、扩中、托低"为基本原则,不断加强财政政策调节机制,努力建立维护社会稳定的收入分配制度。

概而言之,这一时期中国工资分配制度的变迁过程体现出四项重要特征[①]：①中国工资分配制度改革的基本方向是发挥劳动力市场的资源配置功能,强化工资收入对劳动市场供求的调节功能。②中国工资分配制度改革具有"渐进式"改革特征,先增量后存量,这需要相当长时间的调整过渡时期。③中国工资分配制度改革具有"双轨制"特征,体制内外的不同企业将会采取不同形式的工资分配制度。④在政府宏观调控机制尚不完善的条件下,转型期中国收入分配

---

① 常凯. 中国劳动关系报告——当代中国劳动关系的特点和趋向 [M]. 北京：中国劳动社会保障出版社, 2009.

的"两极分化"趋势可能会越来越明显。

（二）目前中国收入分配状况的整体性特征

1.劳动报酬是中国居民收入的最主要来源

根据劳动报酬在居民可支配收入中的占比情况，我们可以判断劳动要素在国民经济中的整体重要性，进而说明劳动报酬是中国居民收入的最主要来源。数据选取范围是2000—2014年，具体内容如图2-1所示。

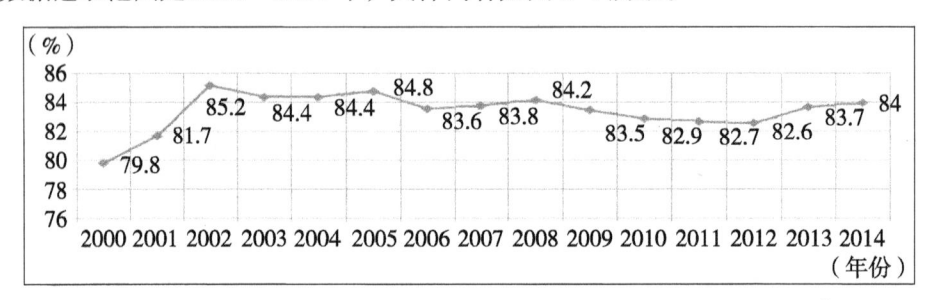

图2-1 2000—2014年中国居民劳动报酬在可支配收入中的所占比重[①]

根据图2-1的具体内容，我们的基本判断是：①劳动报酬在中国居民可支配收入中的所占比重变动趋势是先升后稳定。该比重由2000年的79.8%迅速上升到2002年的85.2%；然后在2003—2014年期间，该比重始终保持在83%左右。②劳动报酬是中国居民可支配可收入的最主要来源。进而言之，在中国社会经济体制转型过程中，如何协调劳动要素与其他要素（特别是资本要素）之间的关系，这将会成为学界和实业界日益关注的重要命题之一。

2.居民收入增长与中国宏观经济趋势保持一致性

自1978年中国经济体制改革以来，中国经济增长一直保持着较快的发展速度。社会各界人士都在思考一个问题：如何让社会公众分享中国经济增长成果？正是在这种背景下，中国共产党十七届五中全会提出"两个同步"，即"居民收入增长与经济发展同步、劳动报酬增长与劳动生产率提高同步"。

那么，中国居民收入与中国经济增长趋势之间的关系究竟如何呢？本书选

---

① 国家发展和改革委员会就业和收入分配司，北京师范大学中国收入分配研究院．中国居民收入分配年度报告（2016）[M]．北京：社会科学文献出版社，2016.

取 2005—2013 年的统计数据[①]，对中国 GDP 增长速度与城镇居民可支配收入增长速度进行逐年比较。具体内容如表 2-1 和图 2-2 所示。

表 2-1 2005—2013 年中国 GDP 与城镇居民可支配收入

年份	GDP 总额 数值/亿元	GDP 总额 增长率/%	城镇居民可支配收入 数值/元	城镇居民可支配收入 增长率/%
2005	184937	15.7	10493	11.3
2006	216314	17.0	11759	12.0
2007	265810	22.9	13786	17.2
2008	314045	18.1	15781	14.5
2009	340903	8.6	17175	8.8
2010	410202	20.3	19109	11.3
2011	472882	15.3	21810	14.1
2012	519322	9.8	24565	12.6
2013	568845	9.5	26955	9.7

图 2-2 2005—2013 年中国 GDP 增长速度与城镇居民可支配收入增长速度比较

根据表 2-1 和图 2-2 的具体内容，我们得到两项基本判断：①城镇居民可

---

① 360 个人图书馆. 1978—2014 中国历年 GDP 与城镇居民人均可支配收入统计表 [EB/OL]. 2015-08-08.

支配收入增长速度与中国 GDP 增长速度的趋势基本保持一致。在 2005—2007 年期间，GDP 增速加快，城镇居民可支配收入增长速度亦加快；在 2007—2009 年期间，GDP 增速放慢，城镇居民可支配收入增长速度亦放慢；随后在 2009—2013 年期间，忽略 2010 年 GDP 增速的突然加快，其余年份的城镇居民可支配收入增长速度与 GDP 增速基本相同，大约为 11%。②在 2011 年之前，城镇居民可支配收入增长速度始终低于 GDP 增速；但在 2011 年之后，城镇居民可支配收入增长速度超过 GDP 增速。这意味着，在中国共产党十七届五中全会提出的"两个同步"思想指导下，中国居民参与分享中国经济增长成果的程度逐渐增强。

需要强调的是，我们并不能根据中国 GDP 增速与城镇居民可支配收入增长速度之间的相互关系，直观判断谁是原因和谁是结果。它们之间的因果关系存在两种可能性：①在中国 GDP 不断增长的前提下，中国经济体系的分工和协作程度不断加强，这就使得越来越多的城镇居民能够参与经济增长过程，分享中国经济成果。②随着城镇居民收入的不断增长，城镇居民的消费支出也不断增加，这就使得中国市场中的消费品不断升级，进而为中国经济增长提供强劲的需求拉动力量。

更重要的是，我们更加清楚地认识到，各种要素提供者都应该参与分享经济增长成果和社会发展成果，这样才能保证中国社会经济的持续稳定发展。从这个角度来看，全体居民收入的稳定增加，尤其是劳动者收入的稳定增加，这将是影响中国社会经济发展的重要因素。

3. 中国居民收入的"两极分化"特征

根据发展经济学的观点，判断居民收入差距的主要依据是"基尼系数"。国际通行标准表明：①当基尼系数处于 0.3~0.4 时，社会收入分配格局比较合理。②当基尼系数处于 0.4~0.5 时，收入分配差距过大。③当基尼系数超过 0.5 时，社会群体之间存在着严重的收入分配悬殊现象。

根据 2000—2015 年期间的统计数据，我们可以分析中国居民人均可支配收入的基尼系数变动趋势。具体内容如图 2-3 所示。

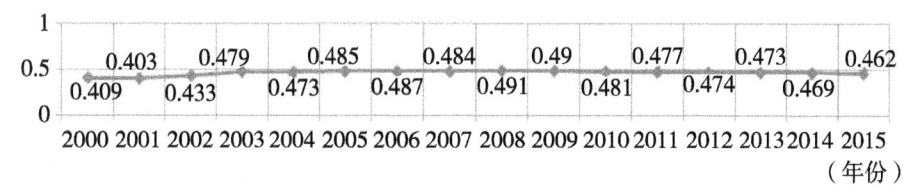

图 2-3 2000—2015 年中国居民人均可支配收入基尼系数[1]

根据图 2-3 的具体内容，我们得到四项基本判断：① 2001 年之前的中国居民人均可支配收入基尼系数在 0.4 左右，收入分配格局基本合理。② 2001—2003 年，中国居民人均可支配收入基尼系数迅速上升，由 2001 年的 0.403 增加到 2003 年的 0.479，收入分配差距迅速扩大。③ 2003—2011 年，中国居民人均可支配收入基尼系数保持在 0.48 左右，不同社会群体之间保持着较大收入分配差距，"两极分化"特征逐渐显现。④ 2011—2015 年，中国居民人均可支配收入基尼系数逐年下降，由 2011 年的 0.477 下降到 2015 年的 0.462。

图 2-3 的数据分析表明，在中国社会经济体制转型初期，不同社会群体之间的收入差距逐渐增大。中国政府已经逐渐意识到，不断增大的居民收入差距正在成为制约中国经济持续增长的重要因素。因此，政府希望继续遵循"限高、扩中、托低"的指导思想，改善居民收入结构，逐步将政策重点由"经济增长"转移到"社会发展"。

（三）中国收入分配状况的结构性特征

1.城镇居民与农村居民的收入比较

根据国家发改委就业和收入分配司、北京师范大学中国收入分配研究院 2015 年的调查数据显示，2015 年中国城乡居民总收入为 30.7 万亿元，其中城镇居民收入总量为 23.7 万亿元，占城乡居民总收入的 77.2%；农村居民收入总量为 7 万亿元，占城乡居民总收入的 22.8%。显然，城镇居民收入远远超过农

---

[1] 360 问答. 我国 2000—2010 的基尼系数 [EB/OL].2013-03-15.

村居民收入[①]。

即使考虑城镇居民与农村居民的人口基数，中国收入分配的城乡差距仍然很大。由于 2013 年国家统计局住户调查实施城乡一体化改革，所以 2013 年之前和 2013 年之后的住户调查数据分别按照新老两个口径计算；作为过渡期的 2013 年统计数据以两种统计口径呈现，如表 2-2 所示。

表 2-2　2010—2015 年中国城镇居民与农村居民的人均收入比较[②]

年份	城镇居民人均收入/元	农村居民人均收入/元	城镇居民人均收入对照农村居民人均收入的倍数
2010	19109.4	5919.0	3.23
2011	21809.8	6977.3	3.13
2012	24564.7	7916.6	3.10
2013	26955.1	8895.9	3.03
城乡住户调查一体化改革后			
2013	26467.0	9429.6	2.81
2014	28843.9	10488.9	2.75
2015	31194.8	11421.7	2.73

根据表 2-2 可知，虽然 2013 年国家统计局的调查统计口径不同，但统计数据显示的长期趋势仍然基本保持不变，城镇居民与农村居民的收入差距逐渐减小。即使如此，根据 2015 年统计数据，城镇居民人均收入仍然是农村居民人均收入的 2.73 倍。这意味着，城镇地区的收入优势对农村居民仍然具有很强的吸引力。

---

①② 国家发展和改革委员会就业和收入分配司，北京师范大学中国收入分配研究院. 中国居民收入分配年度报告（2016）[M]. 北京：社会科学文献出版社，2016.

2. 不同所有制条件下的劳动者收入比较

随着中国社会经济体制改革的不断深化，不同所有制条件下的劳动者收入呈现出很大差异：①在初始阶段，私营单位劳动者的收入增长较快。②随着国有经济体制收入分配制度的不断调整，非私营单位的劳动者收入也迅速提高。特别是2006年开始新一轮公务员工资制度改革之后，体制内外的劳动者收入情况发生反转，非私营单位的职工收入开始逐渐超过私营单位，这种趋势一直保持至今，如表2-3所示。

表2-3 中国城镇地区私营单位与非私营单位的平均工资比较[①]

年份	私营单位 平均工资/元	名义增速/%	非私营单位 平均工资/元	名义增速/%	非私营单位平均工资/私营单位平均工资
2010	20759	14.1	36539	13.3	1.76
2011	24556	18.3	41799	14.4	1.70
2012	28752	17.1	46769	11.9	1.63
2013	32706	13.8	51483	10.1	1.57
2014	36390	11.3	56360	9.5	1.55
2015	39589	8.8	62029	10.1	1.57

根据表2-3的具体内容，我们可以得出四项基本判断：①近年来城镇非私营单位的平均工资始终高于私营单位的平均工资。②在中国经济发展的向上趋势影响下，私营单位的平均工资和非私营单位的平均工资水平都不断提高。③私营单位和非私营单位的平均工资增长率受宏观经济形势的影响很大，在2011年达到历史高点。④相对而言，宏观经济形势变动对私营单位的平均工资影响更大。例如，在2010—2014年的国民经济繁荣时期，私营单位的平均工

[①] 国家发展和改革委员会就业和收入分配司，北京师范大学中国收入分配研究院. 中国居民收入分配年度报告（2016）[M]. 北京：社会科学文献出版社，2016.

资增长速度比非私营单位的平均工资增长速度更快。

根据上述基本判断，我们可以更加形象地分析不同所有制条件的劳动者收入变动趋势，如图 2-4 所示。

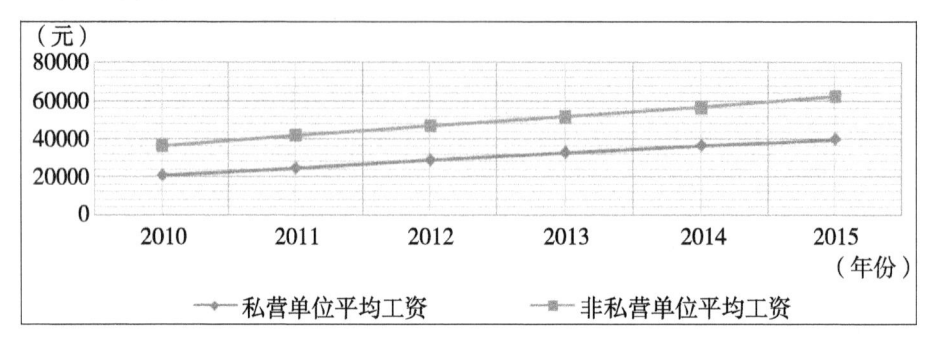

图 2-4 中国城镇地区私营单位与非私营单位的平均工资基本变动趋势

3.不同地区和不同岗位的劳动者收入比较

根据 2015 年统计数据，本书对比分析不同地区和不同岗位的就业人员收入，如表 2-4 所示。

表 2-4 2015 年中国不同地区和不同岗位就业人员的年平均工资比较[①]

地区	就业人数	中层及以上管理人员/元	专业技术人员/元	办事人员和有关人员/元	商业、服务业人员/元	生产、运输设备操作人员及有关人员/元
平均	53615	115474	70981	50972	44277	45346
东部	58564	133040	81321	56421	49842	47327
中部	44851	83193	54347	41392	35568	41221
西部	49885	98649	61234	46322	37562	45430

根据表 2-4 的具体内容，我们可以得出三项基本判断：①从不同地区来看，东部地区所有行业的年平均工资最高，中部地区所有行业的年平均工资最低，但不同地区之间的年平均工资差异不明显。②从不同岗位来看，通常中层及以

---

① 国家发展和改革委员会就业和收入分配司，北京师范大学中国收入分配研究院. 中国居民收入分配年度报告（2016）[M]. 北京：社会科学文献出版社，2016.

上管理人员的年平均工资最高。③从不同地区和不同岗位来综合分析，东部地区的中层及以上管理人员的年平均工资最高，达到133040元；中部地区的商业、服务业人员的年平均工资最低，仅有35568元；前者是后者的3.74倍。值得注意的是，随着中国劳动力市场的不断发展，劳动力资源的流动性不断增强，正在逐渐削弱不同地区间的劳动者收入差异。从中国劳动力市场发展的整体态势来看，地区性的系统性风险正在逐渐减弱。

4.部分行业的企业管理者与普通职工的收入比较

由于统计数据搜集的条件限制，同时考虑到国有企业的工资分配管理制度比非国有企业更加严格，因此本书主要分析2002—2010年期间中央非金融企业高管与央企职工的年平均工资差距，对企业管理者与普通职工进行比较，如图2-5所示。

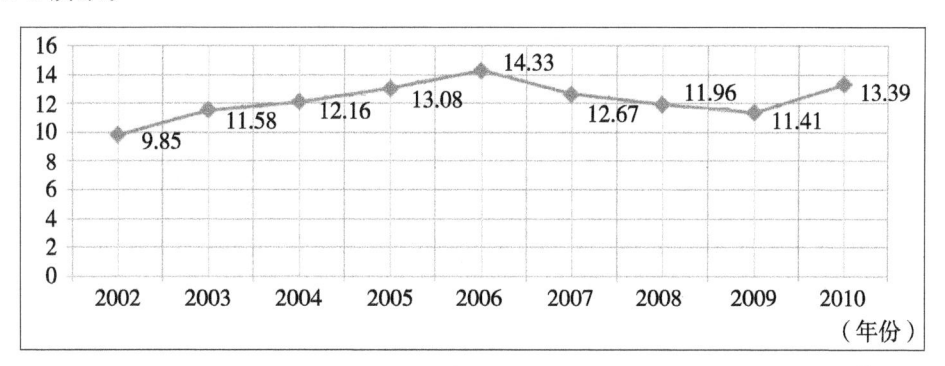

图2-5 2002—2010年中央非金融企业高管与央企职工的年平均工资差距（倍数）①

根据图2-5的具体内容，我们得到的基本判断是：①中央非金融企业高管比央企职工的年平均工资更高。换句话说，企业管理者收入比普通职工收入始终更高，前者是后者的12倍左右。②在2002—2006年期间，中央非金融企业高管与央企职工的年平均工资差距在不断加大；在2006—2009年期间，特别是在2006年中央政府推行新一轮公务员工资制度改革之后，这种差距逐渐缩小。③从2009年至今，中央非金融企业高管与央企职工的年平均工资差距再度扩大。

---

① 苏海南.合理调整工资收入分配关系[M].北京：中国劳动社会保障出版社，2013.

这表明,即使在中国特色社会主义市场经济环境中,企业管理者与普通职工的"两极分化"现象仍然存在。

二、劳动时间

如果说工资收入过低是引发劳动关系矛盾的第一项重要因素,那么劳动时间过长就是引发劳动关系矛盾的第二项重要原因。根据国家统计局发布的《2013年农民工监测调查报告》,2013年全国农民工每天工作超过8小时者占41%,每周工作时间超过44小时的农民工比例达到84.7%[①]。针对工人劳动时间过长的现象,本书将从三个层面展开分析。

(一)中国劳动时间管理制度的现实状况

1. 关于劳动时间管理制度的不断完善

在中华人民共和国建立初期,全国范围的各行业工作时间尚未统一,由各地劳动监管部门在每天工作时间为8~10小时之间自行规定。1960年中央政府颁布决定,城镇就业单位实行每天8小时和每周48小时工作制度。1978年之后非国有企业迅速发展,但劳动监察部门的监管范围尚未覆盖非国有企业,即未能充分有效保护非国有企业劳动者的休息权和休假权。1994年第八届全国人民代表大会常务委员会第八次会议通过《中华人民共和国劳动法》(以下简称《劳动法》),将所有企业的工作时间统一规定为每周44小时,同年中央政府颁布《国务院关于职工工作时间的规定》,将所有企业的工作时间调整为每天8小时和每周40小时。

2. 劳动时间管理的执行效果仍需加强

相关企事业单位的《劳动法》执行情况分为两种情况:①大多数国有企事业单位执行《劳动法》的情况较好,它们基本能够遵守政府规定的劳动时间管理制度。②大多数非国有企业执行《劳动法》的情况仍需加强。根据深圳当代社会观察研究所的调查结果,2001—2005年期间,在广东、福建、浙江等地的

---

① 中文科技期刊数据库. 超时工作农民工达到84.7% [EB/OL]. 2014-07-10.

400多家出口加工型企业中，95%的非国有企业需要加强执行每周40小时和每月加班不超过36小时的劳动时间管理制度。考虑到愿意接受调查的民营企业和外资企业可能是同行业中的执法情形较好者，所以非国有企业的劳动时间管理的真实执行情况可能与调查情况存在误差。

（二）工人长时间劳动的直接原因

1. 解雇压力

中国经济体制改革的顺利推进主要源于沿海地区的劳动密集型产业发展。劳动密集型产业中的大量民营企业和外资企业主要集中在服装行业和电子行业，它们对劳动者的个人素质要求不高，劳动力进入这些行业的门槛较低，这就使得中国农村地区的大量剩余劳动力能够较容易地进入这些行业。

然而，由于涌入该行业的大量劳动力人口迅速增加，所以城市地区的企业往往能够通过压低工资来获取更多利润。对劳动密集型产业而言，劳动力市场的供求力量深刻影响着工人的工资待遇和劳动时间。在中国社会经济体制改革初期，由于劳动力供给比劳动力需求大得多，所以劳动需求方（即企业）在劳动力市场中处于优势地位。事实上，此时劳动者们不仅在劳动力市场中处于弱势地位，而且他们获取收入的唯一来源是提供劳动要素。在这种情况下，许多劳动者只能顺从企业提出的加班要求，否则就可能会丧失宝贵的工作机会。

2. 工资过低

正如前文所言，在大量吸纳农村剩余劳动力的劳动密集型产业中，劳动力市场的典型特征是供给远远大于需求。这种情形使得劳动者面临着"不敢不"工作的尴尬局面，只能被迫接受企业提出的低工资要求。

在沿海地区的许多民营企业和外资企业，工人的每月工资非常低，甚至低于普通工人的正常生活要求。所以这些企业中的工人往往被迫大量加班，增加劳动时间，以增加每月实际收入。例如，在近年来的大量新闻报道中，一些服装厂工人主要依靠加班来保证每月劳动报酬。如果扣除加班时间的劳动收入，大约有30%的劳动者无法达到当地最低工资标准。正因为如此，当劳动监察部门对违规企业的延长劳动时间情况进行调查和处罚时，反对力量不仅来自企业，还来自一些劳动者。因为如果这些劳动者不能依靠加班来获取更多劳动收入，他们连基本生活条件都无法得到保障。

3. 现行劳动制度仍需完善

维护劳动者正当权利和合理经济利益是政府基本职责之一。从政府本意来看，劳动时间计算方式和劳动合同签订都应当围绕劳动者的合法权利和合理利益。但正是在这两个方面，现行劳动制度仍需完善。

具体体现在：①综合计算工时工作制和不定时工作制的适用范围太宽。1995年劳动部颁布《〈国务院关于职工工作时间的规定〉问题解答》，规定一些企业可以采取"综合计算工时工作制"和"不定时工作制"，以便协调不同季节因素、不同生产特点、不同自然条件导致的企业间生产任务差异。然而，由于这两种工时计算制度的使用范围太宽，所以许多企业纷纷以"生产任务不均衡"和"工作特殊需要"为借口，主动申请实行这两项制度。毫无疑问，在企业处于劳动力市场优势方的前提条件下，如果劳动监察部门允许企业"灵活"管理劳动时间，那么企业必然会采取不利于劳动者权益的各种"灵活措施"。②劳动合同的短期化。2008年《劳动合同法》规定，在连续工作满10年的条件下，只要劳动者本人愿意，用人单位就应当与劳动者订立无固定期限劳动合同，用人单位不得随意与劳动者解除劳动关系。这项规定当然有利于保护劳动者签订劳动合同的权利。然而，从企业角度来看，一旦劳动者要求签订无固定期限劳动合同，那么用人单位承担的加薪等成本将会大幅度增加。因此，在实践过程中，许多企业不愿意签订连续的长期劳动合同，一些企业甚至连劳动合同都不愿意签订。

事实上，在企业经营管理活动的实践过程中，劳动合同的短期化趋势相当明显。其变通方式主要表现为劳务派遣合同、实习期合同等。更重要的是，由于企业与普通劳动者签订的劳动合同期限为一年或半年，甚至缺乏正式劳动合同,所以劳动者很难获得劳动监管部门支持,这就使得普通劳动者的讨要欠薪行动往往面临取证困难。进而言之,当劳动合同短期化成为劳动市场的惯例时,劳动者被迫跟企业进行年复一年的重新谈判和重新签订劳动合同,这对于处于劳动市场弱势地位的劳动者是明显不利的。

三、劳动条件

(一)关于劳动条件的制度沿革

在中华人民共和国成立之后,中国政府高度关注劳动者权益保护和劳动条件改善问题,陆续出台的大量政策主要集中在劳动安全和职业卫生方面。本书将相关政策文件统称为劳动安全和职业卫生制度。学界普遍认为,自1976年后,中国的劳动安全和职业卫生制度主要经历了三个阶段。

1. 第一阶段:劳动安全和职业卫生制度的恢复(1978—1991年)

自1976后,中央政府迅速开展整顿劳动安全和职业卫生状况的工作,制定了一系列政策文件。主要包括:①1978年中共中央颁布《关于认真做好劳动保护工作的通知》。②1979年国家劳动总局颁布《工业企业噪声卫生标准(试行草案)》。③1982年国务院颁布《矿山安全条例》和《矿山安全监察条例》。④1984国务院颁布《关于加强防尘防毒工作的决定》。⑤1987年国务院颁布《中华人民共和国尘肺病防治条例》。⑥1988年国务院颁布《女职工劳动保护规定》。[①]

2. 第二阶段:劳动安全和职业卫生制度的转型(1992—2000年)

1992年党的十四大确定建立社会主义市场经济体制之后,随着中国社会经济体制转型的不断深化,中国劳动安全和职业卫生制度也逐渐转型。主要内容包括:①1993年劳动部颁布《劳动监察规定》。②1994年第八届全国人民代表大会常务委员会第八次会议通过《劳动法》。③1994年劳动部颁布《未成年工特殊保护规定》。

---

① 常凯.中国劳动关系报告——当代中国劳动关系的特点和趋向[M].北京:中国劳动社会保障出版社,2009.

3. 第三阶段：劳动安全和职业卫生制度的不断完善（2001年至今）

主要内容包括：① 2001年全国人大通过《中华人民共和国职业病防治法》（以下简称《职业病防治法》）。② 2001年国务院组建国家安全生产监督管理局。③ 2003年国务院组建新一届安全生产委员会。④ 2005年国家安全生产监督管理局升格为部级单位国家安全生产监督管理总局。⑤ 2006年建立国家安全生产应急救援指挥中心。目前，全国范围已经逐步形成"政府统一领导、部门依法监督、企业全面负责、社会广泛支持"的安全生产工作格局。

（二）影响劳动条件的直接原因

1. 劳动安全和职业卫生方面的资金投入不足

自1978年中国经济体制改革以来，中国经济逐步进入高速增长轨道。中国经济增长方式主要依靠粗放型要素投入，其中资金要素是影响该行业安全生产和职业卫生条件的最主要因素。由于资金投入不足，劳动安全的潜在风险较大。主要表现在：①从企业类型来看，一些民营企业的生产技术水平落后和设备陈旧，它们缺乏必要的劳动安全保护措施。②从行业领域来看，煤炭等行业的"安全负债"相当严重，特别是一些乡镇企业性质的小煤矿远远达不到基本安全生产条件。③从职业病多发类型来看，从事煤炭、矿山开采的一些企业都缺乏针对尘肺病为劳动者配备最简单的必要设备。

2. 劳动者需加强必要的个人保护意识和劳动卫生知识

近年来大量农村剩余劳动力进入城市地区和非农产业部门，特别是在煤炭和建筑等重体力劳动行业。这些行业的许多基层劳动者文化程度较低，他们严重缺乏行业生产的安全卫生知识，也缺少自我保护意识和组织纪律性，这就使得劳动安全事故的发生概率大大增加，发生安全事故后的损失程度也急剧上升。

根据相关统计资料，在全国550万煤矿工人中，农民工约占50%，主要从事井下作业；在全国3000多万建筑工人中，80%为农民工[①]。在农民工中，文

---

① 常凯. 中国劳动关系报告——当代中国劳动关系的特点和趋向[M]. 北京：中国劳动社会保障出版社，2009.

盲与半文盲占7%，小学文化程度者占29%，初中文化程度者占51%，高中以上者仅占13%。较低的文化程度直接影响这些劳动者们的个人保护意识和劳动卫生知识学习意愿。

3. 需健全安全生产培训体系

如果说在劳动安全和职业卫生方面，"投入不足"是"先天不足"，那么"劳动者缺乏必要的个人保护意识和劳动卫生知识"则是"后天不足"。本书认为，通过"后天教学"，有可能弥补"先天不足"；也就是说，通过安全生产培训体系，有可能弥补资金投入不足的问题。

目前，中国许多行业的安全生产培训体系不健全。主要表现在三方面：①培训经费不足。虽然政府规定应当按照正式职工工资总额的1.5%提取职工教育培训经费，但由于许多农民工是非正式职工，所以企业提取的职工教育培训经费不足。②师资缺乏。尤其缺少既有专业知识，又有实践经验的资深教师。③教育手段落后。缺乏网络化和信息化的教学设备，难以保证教学质量。

综合而言，劳动者对生产过程的不满情绪主要集中在工资收入、劳动时间、劳动条件等方面。一些学者据此认为，如果政府加强对这些方面的制度设计和执法力度，那就能够有效减少劳动关系矛盾。但本书作者则认为，劳动关系的核心是雇员力量和雇主力量的对比，政府力量仅仅是劳动关系的外部协调者。如果劳动者在劳动市场中始终处于弱势地位，那么政府的任何干预行动都将会被企业的灵活策略"消解"，结果就是劳动者处境依然无法得到根本改善。

因此，协调劳动关系的核心问题是增强劳动者在劳动市场中的谈判力量。当然，政府力量的正确引导能够帮助劳动关系逐渐走上良性发展轨道，能够有效减少劳动关系协调过程中的"交易费用"。

第二节　转型期中国劳动关系矛盾的深层次原因

如果说转型期中国劳动关系矛盾的直接原因是劳动者对生产过程的种种

不满，那么其深层次原因则涉及劳动者、政府管理、劳动者集体组织、企业管理体制等诸多因素。从转型期中国劳动关系的参与者来看，本书重点分析三个方面：①作为劳动市场弱势群体的劳动者或雇员力量；②作为劳动市场强势群体的企业管理者和雇主力量；③作为劳动关系协调者和监督者的政府力量。

一、劳动者

（一）"劳动者"的概念界定

关于"劳动者"的概念界定，马克思主义政治经济学、劳动社会学、劳动关系学、劳动经济学的观点都不相同。即使在同一学科体系内，不同学者之间也存在着观点分歧。中国学者常凯认为，劳动者的主要特点是不占有任何生产资料，以自己的劳动力介入生产过程，并取得相应生活来源[①]。

本书赞同常凯的这种观点。在中国社会经济体制转型背景下，劳动者的内涵和外延都比较模糊，劳动者的来源范围相当复杂，劳动者从事的行业也相当多元化。因此，对于"劳动者"概念无法进行"精确"描述，只能牢牢把握两项基本特点：①以自己的劳动力介入生产过程；②取得相应劳动报酬。

需要强调的是，在转型期中国社会的现实场景中，企业管理者并不属于通常意义上的"劳动者"范畴。虽然企业管理者提供劳动要素，并且取得相应劳动报酬，但他们介入的是"企业管理过程"。企业管理者拥有的劳动力要素并未直接投入生产过程；他们的活动重点内容是监督别人劳动，让别人把劳动力要素投入到生产过程。从这个意义上讲，企业管理者往往代表雇主力量参与劳动关系协商过程，其利益目标与劳动者利益目标是不一致的。

（二）劳动者群体的分化

1. 劳动者群体的划分类型

随着中国社会经济体制转型的不断深化，中国劳动者群体日益呈现出多元

---

① 常凯. 劳动关系学[M]. 北京：中国劳动社会保障出版社，2005.

化趋势。关于劳动者群体分化后的重新划分类型，中国学界存在着不同观点。例如，陆学艺以职业分类为标准，认为中国社会存在着十大阶层；李强依据社会公众在改革过程中的利益获得和利益受损程度，认为中国社会存在着四大利益群体；孙立平则从中国阶层分化趋势角度，考察社会结构和政治结构，探讨强势群体和弱势群体。

本书无意探讨转型期中国社会阶层划分的宏大命题，这里仅仅从研究需要角度认同劳动者群体分化的基本事实。鉴于本书主要研究命题是劳动者集体组织，因此本书更加重视劳动者的就业单位和从事行业。以劳动者就业单位与政府之间关系的远近作为分类标准，结合劳动者的协商地位，本书将中国劳动者群体划分为三种类型：①国有企事业单位的劳动者，他们更多属于体制内范畴，受政府劳动管理政策的影响程度最深。②民营企业和外资企业等非国有单位的劳动者，他们的劳动市场谈判力量较弱，政府仅仅作为劳动关系协商的协调者和监督者。③独立职业者，如律师、注册会计师等，他们直接面对市场。

前两类劳动者主要基于企业生产过程提供产品，然后借助企业载体跟市场发生联系；第三类劳动者则跟市场发生直接联系，他们主要通过提供市场服务直接获得劳动报酬。换言之，独立职业者既是劳动者的实施者，又是自身劳动过程的管理者，他们属于"自我雇用"类型。

本书认为，这三种类型劳动者群体分别对应着三种类型劳动者集体组织。它们分别是：①行政型劳动者集体组织，其主要成员是体制内的各种劳动者群体。例如，国有企业的传统工会组织、行政事业单位的工会组织等。②地缘型劳动者集体组织，其主要成员是非国有单位的劳动者，特别强调缺乏特殊劳动技能的普通劳动者。例如，农民工组织、老乡会等。③行业型劳动者集体组织，其主要成员是各种独立职业者。例如，律师协会、注册会计师协会、教师协会等。

2.劳动者群体的阶层意识

本书认为，虽然转型期中国社会的整个劳动者群体已经分化为不同类型劳动者"小群体"，但他们的身份特征都符合前文所言的"劳动者"基本特点，因此他们都属于"劳动者"范畴。换言之，这些劳动者们的利益取向和基本行为方式具有高度"同质性"，他们将会逐渐形成独立的劳动者阶层意识和集体组织。

什么是劳动者阶层意识呢？这种阶层意识包括两个方面：①身份意识，即确定"我们是什么"。由于许多劳动者们意识到同伴们的身份特征"同质性"，这就使得他们的利益目标和价值取向具有高度"同质性"。②行动意识，即明确"我们应该怎么做"。任何理念都将会反映为具体行动，劳动者群体的身份意识"同质性"必然导致他们的共同行动。在协调劳动关系过程中，劳动者群体将会逐渐凝聚形成劳动者集体力量，大多数劳动者们将会认为"我们是同类人，我们应该做同样的事情"。

需要强调的是，在中国社会经济体制转型的宏观场景中，既然整个劳动者群体已经分化为具有不同利益目标的"劳动者小群体"，那么在"劳动者大群体"的整体利益之中就必然存在着各种"劳动者小群体"的个别利益差异。从这个角度来看，劳动者群体的集体行动力量依赖于对劳动者群体的阶层意识的"整合"。进而言之，高度统一的劳动者阶层意识是各种类型劳动者"求同存异"的结果，并且各种"劳动者小群体"利益通过相互制衡和相互妥协，将会逐渐整合形成劳动者群体的"整体利益"。

（三）劳动者的劳动关系协商地位

1. 城镇工人身份的变化过程

正如前文叙述的"中国劳动关系演变"，城镇工人的身份演变过程主要包括三个阶段：①在计划经济体制阶段，城镇工人是企业的"主人翁"，他们有权利参与任何企业活动和利益分配过程。此时城镇工人是中国社会的"领导阶级"，他们在当时中国社会结构中的地位较高；此时国有企业管理者也被"同化"融入工人阶级。②在中国社会经济体制转型初期，国有企业改革使大量工人下岗，并接受政府和企业提出的一系列"身份置换"政策。此时，大量下岗工人在失去国有企业工作岗位之后，不得不进入民营企业和外资企业等非国有企业单位，以打工者的身份来获取劳动报酬,以维持自身家庭的生活需要。③在社会主义市场经济体制阶段,在经历多年的打工生活之后,城镇工人已经基本认同自己的打工者身份;他们开始学习各种谈判技巧,在合法框架内努力争取更多经济利益。

2. 农民工地位的变化过程

根据学界语言习惯,这里的"农民工"主要指农村外出务工人员。长达40年的"农民工"发展过程大致分为三个阶段:①第一阶段是1978年中国改革开放初期,政府允许农村剩余劳动力离开农村地区和农业生产,这就直接导致大量农村剩余劳动力涌入城市地区。与"农民"身份相比,"打工者"身份无疑使外出务工人员在回乡探亲时更有面子。②第二阶段是20世纪80年初期,由于城市地区的生存空间有限,农民工与城市原有居民之间的利益冲突日益尖锐,主要表现在工作机会和城市治安环境方面。在此情况下,中央政府和地方政府都对农民工流动进行了控制。③第三阶段是1992年之后,中央政府逐渐意识到不能用"堵"的方式来对待农村剩余劳动力流动问题,转而采取"疏导"政策。因此除部分地区外,中央政府和地方政府都开始采取"开放"态度,逐步接纳农村剩余劳动力进入城市地区和非农产业部门。随着城乡统筹和社保管理体系统一化等政策措施的不断推进,农民工与其他城市劳动者的劳动市场谈判地位逐渐趋于一致。

需要说明的是,在不同时期的宏观政策影响下,中国农民工群体的主观愿望具有代际差异:①第一代农民工的愿望是在城市地区打工挣钱,然后回到农村盖房、娶媳妇。②第二代农民工的愿望是在城市地区打工挣钱,然后把老婆、孩子接到城市地区来共同生活。③第三代农民工本身就是在城市地区长大的,不过由于第二代农民工的社会经济地位不高,所以第三代农民工的成长环境主要是城市边缘地带,他们的愿望是在城市地区获得更好的个人发展空间。

本书认为,由于第三代农民工的幼年时期主要生活在城市边缘地带,他们的主观意识与客观能力将会形成强烈反差,这将会是转型期中国社会发展的最重要的潜在影响因素。从第三代农民工的主观意识和客观能力来看，一方面，第三代农民工很容易感受到城市生活的繁华和城市公共设施的便利，他们将会对城市生活充满向往；另一方面，由于成长环境和受教育机会限制，第三代农民工的市场竞争能力往往不如原有城市居民子女。综合而言，第三代农民工的主观意识与客观行动能力反差将会造成他们的严重焦虑。事实上，影响中国社会未来发展的最重要因素很可能是这群生活在城市边缘地带的普通劳动者们。这是转型期中国社会应当高度重视的特殊劳动者群体。

3. 提升劳动者谈判地位的途径

在中国社会经济体制转型的背景下，城镇工人身份和农民工地位的变化过程都是中国社会经济结构调整的现实结果。当城镇工人和农民工共同构成劳动力市场的供给力量时，劳动者群体力量的谈判地位将会决定劳动力市场的价格基准。那么，劳动者群体如何才能提升自身谈判地位以获得更高劳动市场价格呢？

本书认为，提升劳动者谈判地位有两条途径：①单个劳动者的个体行动。通过职业教育和技能培训等方式，单个劳动者努力提升自身素质和就业能力，这将会增强他们在劳动市场中的议价能力。②众多劳动者们的群体行动。虽然单个劳动者可能是劳动市场中的弱势群体，但这个弱势群体的最大优势是"人多"，如果众多劳动者们聚集起来就会形成"势众"，他们就有可能借助集体行动力量来争取劳动者阶层的共同利益。

二、雇主力量

（一）"雇主力量"的概念界定

通常情况下，雇主力量主要包括两部分。一是资本要素的拥有者，如企业股东、企业外部投资者等。二是资本要素的管理者，如企业内部的各层级管理者。根据政治经济学的基本原理，雇主力量的内涵也在不断变化：①在原始市场经济阶段，资本要素的所有权与使用权往往合并起来，即资本要素拥有者和资本要素管理者的身份发生重合。中国社会经济体制转型初期的许多民营企业家就是这种情况。②在现代市场经济阶段，资本要素的所有权与使用权逐渐分离，这就导致企业股东与企业管理者的身份差别。然而，企业股东和企业管理者都属于雇主力量，他们将会努力维护雇主方面的经济利益和社会权利。

本书认为，转型期中国社会具有典型"双重特征"，它同时具有原始市场经济特征和现代市场经济特征。这种"双重特征"主要表现为两种类型的企业组织形态：①从中国经济体系中"生长"出来的资本要素所有者，他们在经历家庭财富、生产经验、社会关系的市场经济原始积累过程之后，逐渐成为传统意义上的民营企业家。需要注意的是，在大多数民营企业的内部组织结构中，资本要素的所有权与使用权是重合的，民营企业家与企业管理者往往是同一个人。②借鉴国外经验而"移植"形成的资本要素所有者，主要是外资企业。在外资企业的内部组织结构中，资本要素的拥有者与管理者往往是分离的，企业股东和企业管理者都应当遵守现代企业制度规定的权利和责任。当然，在协调劳动关系的实践过程中，直接面对劳动者群体的往往是雇主力量的代理人，即企业管理者。

需要说明的是，根据不同时期劳动关系调整的重点领域，"雇主力量"的重点对象具有不同内涵：①在中国社会经济体制改革的最初20年内，劳动关系矛盾的主要发生领域是国内民营企业，因此"雇主力量"主要指民营企业家。②在中国经济体制改革的当前阶段，国内民营企业和外资企业都需要高度重视劳动关系协调问题，他们都属于"雇主力量"的关注重点。

（二）雇主力量的发展过程

考虑到中国市场经济发展的历史延续性，本书将从原生性出发，重点分析国内民营企业。根据中国学者常凯的研究成果[1]，中国民营企业发展过程主要分为四个阶段。

---

[1] 常凯.中国劳动关系报告——当代中国劳动关系的特点和趋向[M].北京：中国劳动社会保障出版社，2009.

1. 第一阶段：民营企业的悄然无序成长（1978—1987年）

自1978年中国共产党十一届三中全会之后，中国社会经济环境发生重大变化。主要表现在三方面：①农村地区推行家庭联产承包责任制，农业生产效率迅速提高，农村地区出现大量剩余劳动力，这就逐渐增强了中国劳动市场的供给力量。②城市地区鼓励个体经济发展，允许非农产业部门适度扩大经营规模，这就逐渐增强了中国劳动市场的需求力量。③计划经济体制逐渐松动，允许包括劳动力在内的各种生产要素自由流动，这就使得中国劳动市场的供给力量和需求力量能依据"市场机制"进行调整。

2. 第二阶段：民营企业的调整整顿（1988—1991年）

由于前一阶段民营企业的快速发展，中央政府逐步加强对民营企业的控制力度，社会各界也从意识形态等不同领域对民营企业的发展提出新要求，这样的宏观经济环境变化迫使许多民营企业放缓发展步伐。需要注意的是，在此阶段中的一些民营企业为争取政府和社会各界认同而纷纷采取挂靠和联营等形式，这些"红帽子企业"将会在未来企业发展过程中面临着企业产权纠纷的潜在风险。

3. 第三阶段：民营企业的规范发展（1992—2000年）

1992年邓小平南方谈话之后，民营企业进入快速发展时期。针对民营企业中的劳动雇用问题，社会各界曾经进行广泛争论。直至1997年党的十五大，这些争论才告一段落。党的十五大报告指出，"非公有制经济是我国社会主义市场经济的重要组成部分……对满足人们多样化的需要、增加就业、促进国民经济的发展有重要作用"。

在强调民营企业重要性的同时，中央政府积极推进国有企业改革。民营企业发展与国有企业改革存在着现实交集。事实上，一些地方政府往往鼓励民营企业参与国有企业改革进程，其具体方式包括合资、联营、租赁、购买等。据1999年2月20日《中华工商时报》报道[①]：广东省已经有50家国有企业被民

---

① 常凯.中国劳动关系报告——当代中国劳动关系的特点和趋向[M].北京：中国劳动社会保障出版社，2009.

营企业收购,民营企业参股经营 270 多家国有企业,民营企业租赁经营 140 多家国有企业。

该阶段的许多民营企业开始日益重视现代企业制度的重要性,它们纷纷借鉴国有企业和外资企业的制度设计,试图重新塑造民营企业内部管理机制。从企业长远发展来看,这种借鉴和模仿行为促使在中国大地上土生土长的相当一大部分民营企业逐渐转型为真正意义上的现代企业组织。

4. 第四阶段：民营企业的迅猛发展（2001 年至今）

在 2001 年的中共中央"七一"讲话中,民营企业被界定为中国特色社会主义事业的建设者。随后,2002 年中国共产党十六大充分肯定中共中央"七一"讲话的基本精神。2004 年中华人民共和国第十届全国人民代表大会第二次会议重新修订《中华人民共和国宪法》（以下简称《宪法》）,规定"公民的合法的私有财产不受侵犯",强调"国家依照法律规定保护公民的私有财产权和继承权"。2005 年国务院通过《国务院关于鼓励支持和引导个体私营等非公有制经济发展的若干意见》,再次肯定非公有经济在中国社会发展的重要性。

本书认为,在转型期中国社会的现实场景中,如果试图继续推动中国经济增长进程,那就必须解决好同民营企业相关的两个问题：①从宏观层面来看,中央政府应当积极推动中国经济增长方式转型,特别是适当引导民营企业有步骤地参与符合国家发展战略的产业领域。②从微观层面来看,我们应当着眼于调整中国民营企业的组织结构和内部管理制度,特别是重视企业内部的人力资源管理和劳动关系协调问题。

（三）雇主力量的资源动员能力

根据中国学者陆学艺的观点,雇主力量拥有当代中国社会阶层的三种主要资源,即文化资源、经济资源与组织资源[①]。本书主要从以下三方面进行讨论。

（1）文化资源方面。根据 2004 年的统计资料显示,中国民营企业家的受教育程度大幅度提高。在被调查的中国民营企业家群体中,研究生学历者占 4.9%,

---

① 陆学艺.当代中国社会流动[M].北京：社会科学文献出版社,2004.

大学文化程度者占33.5%，高中文化程度者占41%，初中文化程度者占19.7%。更为重要的是，由于富人能够投入更多财富来"购买"教育资源，所以富人的子女就更可能成为高素质人才和富人，他们在劳动市场竞争中占据着有利位置。如果任由这种局面发展下去，将会产生教育领域的"马太效应"，进而导致转型期中国社会的"阶层固化"问题，显然这不利于中国社会的长期稳定发展。

（2）经济资源方面。中国民营企业家群体是分享中国社会经济增长成果的最主要群体，其财富积累速度已经远远超过社会平均水平。在此不再赘述。

（3）组织资源方面。许多民营企业与当地政府机构保持着密切关系。特别是在地方政府高度关注地区经济发展的背景下，许多民营企业家通过竞选成为行政村的村委会主任或村党支部负责人，他们直接掌握着一定的组织资源。由此可见，在转型期中国社会的历史背景下，政治组织资源与商业资源的高度结合为民营企业发展提供了难得的时代"机遇"。

毋庸置疑，民营企业家在文化资源、经济资源、组织资源方面的优势地位必然影响劳动市场的供求力量对比。在转型期中国劳动市场中，民营企业家往往处于绝对优势地位，而企业劳动者处于弱势地位。本书认为，如果任由这种局面持续下去，如果劳动者缺乏有效渠道来表达自身合理权利诉求，那么中国劳动市场将会逐渐陷入雇主力量主导局面，这将会影响中国社会经济体系的整体可持续发展进程。

三、政府力量

（一）劳动关系中的政府角色演变过程

根据学界普遍观点，在转型期中国劳动关系中，政府角色的演变过程主要分为三个阶段。

1. 第一阶段：政府部分放弃对劳动关系的直接控制（1978—1991年）

自1979年国务院颁布《关于扩大国营工业企业经营管理自主权的若干规定》之后，中央政府开始逐渐放松对国营企业经营管理的高度管制。从劳动关系角度来看，转型期中国政府逐步退出两个领域：①政府机构逐步取消对企业劳动力分配的计划安排,而由企业自主决定劳动力的招收和解雇。②政府机构不再直接干预企业工资分配方案,而由企业经营者自主确定企业工资分配方案,中央政府只对全社会企业工资总额进行宏观调控。

2. 第二阶段:政府全面放弃对劳动关系的直接控制(1992—2000年)

自1992年中国共产党十四大之后,中国社会经济体制改革确立"社会主义市场经济"的发展方向。1993年劳动部颁布《劳动部关于建立社会主义市场经济体制时期劳动体制改革总体设想》(以下简称《总体设想》)。在此背景下,转型期中国政府对劳动关系的直接控制由"部分放弃"逐步转变为"全面放弃"。主要表现在三方面:①为配合国有企业改革,政府机构不再直接干预国有企业的裁减职工行动,而只是提出分离企业办社会的职能,切实减轻国有企业的社会负担的基本原则。②政府机构要求国有企业针对下岗工人安置的再就业中心启动再就业工程,并且构建下岗工人再就业保障制度。③建立和完善劳动力市场,确立劳动关系调整的相关准则。

由此可见,在《总体设想》的基本原则指导下,转型期中国政府依据劳动关系协调过程中的现实需要,逐渐调整政府角色定位,其调整目标是劳动关系的立法者、执法者、仲裁者。

3. 第三阶段:劳动关系中的政府角色完善(2001年至今)

随着中国政府机构逐步退出劳动关系,社会各界逐渐意识到:西方国家的劳动关系制度体系未必适用于中国现实场景。特别是在转型期中国劳动市场的供求力量对比悬殊的情况下,"自主建立、自行协调"的劳动关系将会严重不利于劳动者。在这种情况下,转型期中国社会的政府机构应当"有所为、有所不为";政府机构可以将经营自主权赋予各种类型企业,但不应该放弃劳动关系监管职责。

事实上,2003年党的十六届三中全会提出了"权为民所用、利为民所谋、情为民所系"的思想,2004年党的十六届四中全会提出了构建"社会主义和谐社会"的社会发展目标。从中可以看到,转型期中国社会的政府机构已经逐渐意识到劳动者权益保障的重要性,不断强化劳动关系协调对构建和谐社会的重要作用。通过这些政策措施,转型期中国社会的政府机构角色也在不断发生变化:它们逐渐由劳动关系的"协调者"和"促进者",转变为劳动关系的"规制者"和"损害控制者"。

(二)关于目前劳动关系中政府角色的争论

关于劳动关系中的政府角色定位,学界存在着不同观点。根据中国学者王一江的观点,政府的行政干预只应该局限于解决雇主的短期行为问题,切实保障劳动者的安全与健康,政府的过度干预会损害劳动者长远的根本利益[①]。根据中国学者徐小洪的观点,劳动者权益包括两部分:劳动者权利和劳动者利益。目前,中国政府的干预行为主要集中在劳动者的经济利益方面,对劳动者的权利地位重视程度仍需加强;政府机构应该重视确立劳动者的权利主体地位,切实保障劳动者的基本权利[②]。

根据 1993 年劳动部颁布的《总体设想》,转型期中国劳动关系的基本发展方向是形成国家立法、制定劳动基准的规范劳动关系,以行政监察来维护劳动关系,以司法仲裁来保障劳动关系双方权益。这就意味着,在转型期中国劳动关系中,各级政府部门的权责范围应该是:通过立法机构确立规制者角色,通过行政监察机构确立监督者角色,通过司法仲裁机构确立仲裁者角色。

本书认为,转型期中国社会的政府机构应当依据中国社会经济发展的实践需要,合理界定政府机构的基本准则和行为边界,特别是明确各级政府部门的权利范围和责任范围。进而言之,转型期中国政府的最低层面考量因素是"如何做事",第二层面考量因素是"如何设计制度",最高层面考量因素应该是"如何构造发展主体"。这三个层面构成了"事、制度、人"的逻辑关系,这也是我们考察转型期中国社会经济制度变迁的重要理论线索。

---

① 王一江. 政府干预与劳动者权利 [J]. 比较,2004(14).
② 徐小洪. 政府干预与劳动者利益——兼与王一江先生商榷 [J]. 北京市工会干部学院学报,2005(2).

第三节　协调转型期中国劳动关系的各种现有方案

针对转型期中国劳动关系协调问题，学界和实业界曾经提出各种解决方案，它们分别着眼于中国劳动关系矛盾的不同方面。根据考察视角差异，本书将这些解决方案归纳为四种类型：①政府视角，重点探讨法律管制和公共政策。②劳动者视角，重点探讨集体合同机制。③企业视角，重点探讨人力资源管理和工作场所创新。④劳动市场视角，重点探讨劳动市场的契约不完全性和信息传导机制。

这四种考察视角具有两个紧密联系：①劳动关系问题的直接关系主体是政府、劳动者、企业，它们构成了探讨转型期中国劳动关系时无法回避的三种不同视角，即政府视角、劳动者视角、企业视角。②当人们无法找到协调劳动关系的直接解决方案时，学界将研究视野拓展到劳动关系问题的直接关系主体之外，探索社会参与机制对劳动关系的影响，由此引申出劳动市场视角。

回到本书研究命题，针对每一种考察视角，我们都需要认真分析三个问题：①这种考察视角的形成原因是什么？②基于这种考察视角提出的具体解决方案是什么？③这种解决方案的优点和弊端如何？

一、政府视角：直接干预行动

（一）政府直接干预的主要原因

1.计划经济制度的惯性思维

1949—1978年，计划经济制度几乎覆盖中国社会的绝大部分角落。那个年代的社会公众思维模式中往往存在着计划经济制度，其影响范围涉及中国社会经济体系的方方面面。毋庸讳言，正是由于计划经济制度的惯性思维，一旦中国社会经济变革过程中出现某些现实难题，人们总会不由自主地问，政府应该如何解决这个难题？与此同时，基于"父爱主义"的天然倾向，政府机构也希望采取直接干预行动以证明自身存在价值。显然，当社会公众需求和政府供给愿望结合时,"政府直接干预"似乎就成为当时中国社会的必然选择结果。

2.中国社会的现实需要

在转型期中国社会的劳动市场中,供求力量对比不平衡是不争事实。一些学者主张利用第三方力量来打破这种不平衡局面,即借助政府力量改变劳动市场中的供求力量。中国学者常凯认为,在中国经济体制市场化和私有化的过程中,政府必须维持社会的稳定和政权的稳定,市场中的双方不可能实现力量的自我平衡[①]。本书认为,在转型期中国社会的劳动关系协调过程中,如果缺乏政府机构的有效干预和必要管制,或者任由各方参与主体在劳动市场中"自由博弈",那么其短期结果是不利于劳动者的,其长期结果则必然不利于中国社会的持续稳定发展大局和全体国民分享社会发展成果。

(二)政府直接干预的具体内容

需要说明的是,本书中的政府直接干预不是针对某个经济主体,而是针对经济主体之间的关系。政府直接干预的主要意图是规范经济主体之间关系,以明确各种利益相关主体的行为边界和维护社会经济秩序。具体而言,政府直接干预的主要内容包括两个方面。

1.公共政策

在中国社会经济体制转型初期,政府机构调整劳动关系的主要手段是公共政策,特别是由行政部门颁布各种政策文件,其具体内容主要涉及五个方面。

(1)就业政策。主要包括:①1980年8月中共中央转发全国劳动就业工作会议通过的《进一步做好城镇劳动就业工作》,希望解决返城知青的就业问题。②针对大量农村剩余劳动力进入城市的问题,1981年12月国务院颁布《国务院关于严格控制农村劳动力进城做工和农业人口转为非农业人口的通知》。③为了配合新版《劳动法》,1994年劳动部颁布《职业指导办法》,1996年颁布《外国人在中国就业管理规定》。④为规范职业介绍机构发展,2000年劳动

---

① 常凯.中国劳动关系报告——当代中国劳动关系的特点和趋向[M].北京:中国劳动社会保障出版社,2009.

和社会保障部颁布《劳动力市场管理规定》，2001年12月施行《中外合资中外合作职业介绍机构设立管理暂行规定》，2002年7月施行《境外就业中介管理规定》。⑤针对下岗职工问题，2005年11月国务院颁布《国务院关于进一步加强就业再就业工作的通知》。

（2）劳动收入分配政策。主要包括：①为调动劳动者积极性，1977年国务院颁布《关于调整部分职工工资的通知》，1978年5月国务院颁布《国务院关于实行奖励和计件工资制度的通知》，1979年10月国务院颁布《国务院关于职工升级的几项具体规定》，1980年4月国家计委、国家经委、国家劳动总局联合颁布《国营企业计件工资暂行办法（草案）》，1985年国务院颁布《国务院关于国营企业工资改革问题的通知》，1992年劳动部国务院生产办、国家体改委、人事部、全国总工会联合颁布《关于深化企业劳动人事、工资分配、社会保险制度改革的意见》。②针对最低工资保障问题，1993年11月劳动部颁布《企业最低工资规定》，1994年10月劳动部颁布《关于实施最低工资保障制度的通知》，1995年1月施行《工资支付暂行规定》。③为解决工资拖欠问题，2004年9月劳动和社会保障部颁布《建设领域农民工工资支付管理暂行办法》，2005年9月劳动和社会保障部、建设部、公安部、监察部、司法部、工商行政管理总局、中国人民银行、中华全国总工会、中国银行业监督管理委员会联合颁布《关于进一步解决拖欠农民工工资问题的通知》。

（3）劳动安全保护政策。主要包括：①针对劳动保护问题，1978年中共中央颁布《关于认真做好劳动保护工作的通知》，1979年国务院批转国家劳动总局、卫生部《关于加强厂矿企业防尘防毒工作的报告》，1982年国务院颁布《矿山安全条例》。②针对特殊职工群体，1988年国务院颁布《女职工劳动保护规定》，1990年劳动部颁布《女职工禁忌劳动范围的规定》，1993年颁布《女职工保健工作暂行规定》，1994年制定《未成年工特殊保护规定》。③针对职业卫生问题，2000年施行《煤矿安全监察条例》，2004年1月施行《安全生产许可证条例》，2004年2月施行《建筑工程安全生产管理条例》。

（4）劳动者参与企业民主管理政策。主要包括：①1981年7月国务院转发《国营工业企业职工代表大会暂行条例》。②1982年国务院颁布《企业职工奖惩条例》。在此后的国有企业改革过程中，国有企业职工与企业管理者的身份逐渐发生分离，企业职工在企业经营管理过程中的重要性日益弱化。

（5）社会保险政策。主要包括：①针对退休待遇问题，1978年6月国务院颁布《国务院关于工人退休、退职工作的暂行办法》，1980年国务院公布施行《国务院关于老干部离职休养的暂行规定》。②针对养老保险问题，1991年国务院颁布《关于企业职工养老保险制度改革的决定》。③针对医疗保险问题，1998年12月颁布《国务院关于建立城镇职工基本医疗保险制度的决定》。④关于工伤保险问题，1996年1月施行《企业职工工伤保险试行办法》，2004年1月施行《工伤保险条例》。⑤关于失业保险问题，1999年1月施行《失业保险条例》。

2.法律管制

随着中国社会经济体制转型过程的不断深化，劳动者身份逐渐由"国家主人翁"转变为"企业员工"，再过渡到"企业合同制工人"。与此同时，转型期中国政府机构的劳动关系调整手段逐渐发生转变，它在强调法律规则重要性的前提条件下逐步由"人治"转变为"法治"。事实上，在《宪法》和《中华人民共和国民法典》（以下简称《民法典》）基础上，《劳动法》已经对劳动者的社会地位、工作时间、劳动收入分配标准、社会保险等方面进行详细而全面的法律阐释。其主要内容有以下四类。

（1）劳动标准法。主要包括：①工资法；②工作时间和休假法；③职业安全卫生法。例如，2002年5月施行《职业病防治法》，2002年11月施行《中华人民共和国安全生产法》。

（2）劳动关系法。主要包括：①劳动合同法；②集体合同法；③工会和雇主组织法；④劳动争议处理法。例如，2001年修订《工会法》，2007年6月颁布《劳动合同法》，2007年12月颁布《劳动争议调解仲裁法》。

（3）劳动保障法。主要包括：①就业法；②职业介绍与培养法；③社会保险法。例如，2007年8月颁布《就业促进法》，2010年10月全国人大常委会通过《中华人民共和国社会保险法》。

（4）劳动行政法。主要包括：①劳动行政法；②劳动监督检查法。

（三）政府直接干预的效果分析

在中国社会经济体制转型的过程中，政府直接干预一直被视为"构建新制度"的重要力量。毋庸讳言，针对转型期中国劳动关系问题，政府直接干预却未达到预期的效果。

1. 基本结论

（1）立法充分而执法仍需加强。在学界、政界、实业界的共同努力下，针对转型期中国劳动关系的各项政策法规可谓丰富全面，其规定范围涉及劳动关系的诸多细微之处。然而在执法活动的实践过程中，各级政府机构对企业和当地劳动监察部门提供的有效激励约束机制需要进一步优化，否则这些部门在协调劳动关系的具体实践活动时会存在"行动走样"的可能性，进而影响政策实施效果。

本书认为，理论研究的重要价值是解决实际问题。面对立法充分而执法仍需加强的现实难题，单纯的学理研究无法提供合理解决方案；唯有根据转型期中国社会的现实场景进行适当归纳总结，充分发挥各种机构组织和各类人群的实践智慧，才有可能寻找到协调劳动关系的解决之道。

（2）短期效果尚可，长期效果需要进一步加强。在转型期中国社会的现实场景中，政府力量无疑是最重要的社会影响力量。针对劳动关系问题，政府机构已经实施的一系列政策措施和法律管制行动往往具有显著短期效果，但这种短期效果的持久性需要加强。简而言之，如果政府直接干预行动仅仅停留在"运动式"层面，那就只能取得短期效果，而难以实现转型期中国劳动关系的长期协调发展。

正是考虑到各种政策措施的长期效果问题，一些学者特别强调制度规则的重要性。本书基本认同这种观点，中国社会的未来行动方向应当是强化制度建设。

更加重要的是，在构建新制度的过程中，社会公众不能过度依赖政府直接干预行动，否则将会导致人们的行动惰性，进而限制各种社会经济主体参与制度变革的行动积极性，其结果可能反倒不利于"制度改革"进程的顺利推进。

本书的基本观点是：政府机构的重要作用是提供激励约束机制，引导各种社会经济主体采取自主行动，进而不断提高经济交易效率和改善社会秩序，最终实现转型期中国社会的和谐稳定发展。如果政府机构试图越俎代庖，或者试图直接将一套"完美"制度体系强加于社会公众，其结果可能会适得其反。

2. 影响政府直接干预效果的各种因素

（1）法律理论与司法实践需要进一步融合。正如前文所言，在转型期中国劳动关系的协调过程中，立法充分而执法仍需加强是现今亟须改进的问题。在假定立法者和执法者都具有社会良知的前提条件下，哪些因素可能导致此现象呢？本书认为，这是由于现有法律理论对司法实践的具体场景考量较少，所以一些法律规定仅仅是在理论上具有"完美"性，但在司法实践过程中却会带来高昂执法成本。事实上，虽然自1994年《劳动法》颁布之后，劳动者的基本权益和法律地位已经得到明确界定，但在协调劳动关系的实践过程中，现有《劳动法》和《劳动争议仲裁调整法》的落实需进一步加强。

在转型期中国社会的现实场景中，当劳动者（特别是农民工）面临劳动争议时，他们往往受限于时间、精力、金钱等现实约束条件，被迫接受企业主提出的"妥协方案"。在这种情况下，利用机制设计原理来降低执法成本可能是提高劳动执法效率的合理途径之一。

（2）地方政府和劳动监察部门需加强行动激励。具体表现在：①从地方政府角度来看，各级政府机构对下级政府官员进行业绩考核的主要依据是地方经济增长速度。如果地方经济发展面临的现实条件是资本要素稀缺而劳动要素丰富，那么相应政府机构和政府官员很可能选择倾向于资本要素的行动策略。②从劳动监察部门角度来看，由于信息搜寻成本太高、信息传递机制需完善、劳动监察人手不足等现实因素限制，一些劳动监察人员即使"想要有所作为"，但却"难以作为"。

（3）雇主力量缺乏有效制衡。具体表现在：①企业主在文化资源、经济资源、组织资源等方面存在着显著优势，他们能够综合运用各种资源优势，充分利用企业管理的便利条件，努力增加自身利益而减少劳动者利益。②在转型期中国劳动市场中，由于劳动供给力量远远大于劳动需求力量，所以单个劳动者与企业主之间的劳动关系协商是力量不对等的。如果我们把劳动关系协商看作一场零和博弈，那么单个劳动者显然处于弱势地位。

那么如何才能有效制衡雇主力量和实现劳动市场的和谐稳定发展？我们带着这个问题继续考察转型期中国劳动关系的另一个重要参与主体：劳动者。

二、劳动者视角：集体合同机制

（一）集体合同机制的产生理由

一些学者认为，虽然单个劳动者在劳动市场中处于弱势地位，但如果能够将数量众多的劳动者们聚集起来，就可能利用"数量优势"弥补单个劳动者的"能力劣势"。正是沿着这种思路，他们在借鉴西方国家集体谈判机制的基础上提出"集体合同机制"。

（二）集体合同机制的具体内容

1. 集体合同机制的基本要点

根据2008年施行的《劳动合同法》规定，企业职工一方与用人单位通过平等协商，可以就劳动报酬、工作时间、休息休假、劳动安全卫生、保险福利等事项订立集体合同。概括起来，即集体合同机制包含以下三项基本要点。

（1）集体合同机制的实现途径是集体谈判。通过雇员群体与雇主群体的集体谈判过程，双方共同确定劳动过程中的诸多相关事项。当然，由于技术条件限制，在转型期中国社会的集体谈判现实场景中，雇员群体和雇主群体都通常推出"代理人"来参与集体谈判，因此往往出现代表雇员力量的劳动者群体代理人与代表雇主力量的企业管理层进行直接协商。

（2）集体合同机制的实现标志是签订集体合同。根据集体合同机制的固定规则，无论集体谈判过程如何曲折复杂，只要双方签订集体合同，那就意味着他们接受相应权利和法律义务。如果某一方违背了集体合同，那么其行为就是违背了契约精神和法律规定，应受到国家权力机构的严厉惩罚。

（3）集体合同机制的约定内容涉及劳动关系的诸多方面。例如，在2008年施行的《劳动合同法》中，集体谈判的具体内容范围包括劳动报酬、工作时间、休息休假、劳动安全卫生、保险福利等事项。简而言之，涉及劳动关系的各种事项都应当纳入集体谈判的具体内容范围。

2.集体合同机制的适用条件

本书认为，任何理论结论的"有效性"都必须考虑特定环境因素，任何实践措施的"有效性"都只能置于特定场景之中进行考察。因此，集体合同机制的"有效性"必然涉及它在转型期中国社会场景中的现实适用条件。根据中国学者赵小仕的观点，集体合同机制的适用条件主要包括以下三点[①]。

（1）劳动者群体和雇主群体都享有进行集体合同谈判的参与权。一旦某方代表基于正当理由提出集体谈判要求，对方不能拒绝，并且应当在集体谈判过程中遵守诚信准则。例如，许多国家在相关法律中对不诚信行为进行了描述。

（2）劳动者群体和雇主群体都能够在集体合同谈判过程中进行自主意志表达。这意味着，第三方力量不能任意干预集体谈判过程，更不能直接对劳动者群体和雇主群体施加压力。唯有如此，才能保证集体谈判的各方主体意思自治和契约自由，也才能真正实现集体谈判活动的自治性、协商性、对等性。

3.集体合同机制的相关理论

集体合同机制的社会学渊源是"多元论"，而其经济学渊源则可以追溯到三种重要理论。

（1）市场交易理论。该理论认为，中国劳动市场的供给方式是劳动者力量，需求方是雇主力量，双方在劳动市场中的各种博弈行为构成自由交易关系。在

---

① 赵小仕.转轨期中国劳动关系调节机制研究[M].北京：经济科学出版社，2009.

劳动者力量和雇主力量的自由博弈过程中，单个劳动者显然处于弱势地位。一些学者认为，如果数量众多的劳动者们能够联合起来，就有可能将单个劳动者的个体行动聚集形成众多劳动者们的集体行动，这有助于保证自由博弈过程的对等性和公平性。否则，集体合同机制"只是雇主要面对相对更加强大的集中起来的谈判力量，但并不能保证劳动者获得与雇主对等谈判的权力"[①]。

（2）治理理论。该理论认为，集体合同机制的实质是构建劳动者群体与企业管理者之间的公司内部政治关系。具体而言，集体谈判活动能够促进劳动者群体与企业管理者共同协商，帮助他们参与企业内部的重大事务决策，设计合理的企业受益分享机制，最终有利于增加企业整体收益。

（3）管理理论。该理论认为，集体合同机制应当努力实现劳动者利益与企业管理要求的协调一致；集体合同谈判过程的目标不是挑起劳动者群体与雇主群体之间的利益纷争，而是努力将劳动者利益纳入企业整体利益框架，争取实现企业持续稳定发展。事实上，在集体谈判活动过程中，劳动者群体提出的各种建设性意见确实能够帮助企业管理层发现企业经营管理过程中的各种疏忽之处。与此同时，由于集体合同对劳动者群体具有相应法律约束效力，这就使得企业管理者能够更好地对劳动者群体行动进行合理预期。

（三）集体合同机制的效果分析

1. 重形式和轻内容

（1）由于"签订集体合同"是劳动管理部门的工作考核指标，这就使得"为签合同而签合同"的现象大量存在。在这种"形式主义"思想的影响下，一些企业甚至在集体合同签订之后就将之置于高阁，它们并没有着力推动集体合同的实践履行活动，这将会减小集体合同机制对企业管理的影响力。

（2）"重合同、轻谈判"。根据集体合同机制的原有设想，集体谈判活动应当是签订集体合同的重要前置条件，劳动者群体与雇主群体通过集体谈判

[①] 朱芝洲，俞位增. 冲突到稳定：私营企业劳资关系协调机制研究[M]. 北京：经济科学出版社，2011.

活动进行充分信息交流，他们共同决定推动企业发展的各种具体事项。但在实践过程中，由于许多集体合同没有经过充分意见交流和详细集体谈判过程，所以最终签订的集体合同往往缺乏针对性和可操作性；它既不能切实维护劳动者群体利益，也不能帮助雇主及时解决各种现实问题。

（3）集体合同的内容残缺。一些集体合同的主要内容仅仅集中在工资问题方面，而对涉及劳动者利益的诸多因素却缺乏详细约定。

2.集体合同机制的推动力难题

针对集体合同机制发展的现实困境，一些学者提出了以下政策建议：①政府机构应当出面强制性要求企业、职工代表、工会进行集体协商。②政府机构应当保留对集体合同的最终审查权。③政府机构应当强制规定劳动关系的各方参与者必须在集体谈判过程中采取合作行动。本书认为，这些政策建议多数源自计划经济思维的惯性影响。

我们应当坦率地承认，在转型期中国社会的现实场景中确实存在着一些不利于集体谈判的现实因素，如工会会员费用不足、工会领导考核机制单一化、工会对企业的依赖性、工会干部的知识能力不足等。究其原因，一些企业始终将"经济增长"作为首要任务，而忽视了劳动者作为"人"的基本权利和根本利益。正如《联合国发展计划》指出，为了增强人的安全，需要一种新型的发展，需要把人放在发展的中心位置，把经济增长当作手段而非目的。

有意思的是，一些学者常常借用"存在即合理"来为现实局限性进行辩解。但本书认为，"合理"有两种解释：第一种解释是"有原因"，第二种解释是"正确"。"存在"的事情是"有原因"的，但未必是"正确"的。我们决不能仅仅基于"有原因"就简单认为各种现实情况是"正确"的，否则又何必需要大力推进"改革"呢。

三、企业视角：人力资源管理

（一）研究视角转向企业的原因

一些学者们将劳动关系问题的研究视角转向另一方重要参与主体：企业。

他们认为，如果企业愿意并且能够充分重视劳动者利益，那将会缓解广大劳动者们的不满情绪和提高劳动者福利水平，这样做也有利于促进企业制度变革和提高企业运营管理绩效。沿着这种思路，他们提出的基本思路是"企业人力资源管理"，即如何识别劳动者的不满情绪？如何将人力资源管理和企业经营活动进行有效结合？

（二）企业人力资源管理的具体内容

1. 企业人力资源管理的基本要点

根据中国学者常凯的观点，企业竞争力的基础条件应该是和谐劳动关系而非低生产成本，因此企业经营管理制度应该将劳动关系协调机制纳入人力资源管理体系。事实上，劳动关系协调问题始终在企业人力资源管理实践活动中占据着重要位置。主要表现在以下四点。

（1）在企业人力资源管理的"绩效评估"中，涉及的劳动关系问题有：①企业劳动者代表能否参与绩效评估决策；②企业人力资源政策是否遵守纪律程序和申诉程序。

（2）在企业人力资源管理的"培训"中，涉及的劳动关系问题有：①企业人力资源政策是否包含员工发展和培训计划；②企业制订培训计划过程是否充分体现工人代表协商意见。

（3）在企业人力资源管理的"职业健康与安全"中，涉及的劳动关系问题有：①企业人力资源政策是否含有职业健康与安全的相关规定；②企业劳动者代表是否参与职业健康与安全标准的各种相关活动；③企业组织框架中是否设置职业健康和安全委员会并实际有效运作。

（4）在企业人力资源管理的"薪酬制度"中，涉及的劳动关系问题有：集体劳动合同中是否包含明确的薪酬标准或者最低工资标准。

2. 企业人力资源管理的内容扩展

当然，为了更好地倾听企业内部的劳动者意见，一些企业在人力资源管理方面进行了积极创新。其主要活动包括以下两点。

（1）企业员工的间接参与管理行为，主要包括职工代表大会制度、职工董事制度、职工监事制度等。这里的"间接"意味着，企业劳动者不是直接参与企业管理活动，而是通过工人代表或者劳动者集体组织来间接地进行意见表达。

（2）企业员工的直接参与管理行为，主要包括员工持股计划、合理化建议、工作再设计、质量小组等形式。这种情况往往出现在现代型的中小企业，因为企业管理者希望激发企业员工的个体参与意识，鼓励企业员工直接提出生产流程、技术创新等方面的建设性意见，从而不断提高组织运营绩效。这里的"直接"意味着，企业管理者与企业员工能够进行直接信息沟通，而不需要借助"第三方"的信息传递机制。

事实上，许多企业管理者已经清楚地意识到：和谐的企业管理内部环境依赖于协调的劳动关系，这样才能吸引更多优秀员工，才能使企业员工充满归属感和荣誉感。当企业劳动者将自身利益与企业利益联结在一起时，企业组织才能通过不断激发员工努力来提高企业绩效和增强企业竞争能力。

（三）企业人力资源管理的效果分析

1. 企业主利益的优先位置

毫无疑问，任何企业管理制度的首要位置都是企业主利益。按照由近及远的逻辑顺序，企业主关心的利益目标依次为：企业主自身利益、企业利益、企业员工利益。当企业经营绩效不断上升时，企业整体收益将会增加，雇员和雇主都可以在不断增大的"蛋糕"中分得更大利益；但当企业经营绩效不佳时，雇员和雇主将不得不进行零和博弈，企业主自身利益、企业利益、企业员工利益将会发生冲突。

本书认为，虽然一些企业可能会重视企业员工的各种建议，但这只是企业主实现自身利益目标的手段之一，并且需要一定外部环境条件。如果企业劳动者只寄希望于企业管理者，希望依靠企业管理者的"善意"行动来维护普通劳动者利益，恐怕这种愿望是不切实际的。

2. 缺乏外在压力机制

目前，许多中国企业的人力资源管理制度仍然处于"模仿"阶段，从薪酬管理到绩效考核的许多技术设计手段更多强调借鉴西方国家企业的"先进"经验。虽然这种做法是现阶段的客观选择结果，但如果中国企业的学习机制过程始终停留在这个阶段，那么中国企业将会永远无法实现真正意义上的企业人力资源管理创新，更无法解决中国企业正在面临的各种现实问题。进而言之，任何制度移植都必须重视制度环境。

本书认为，在中国社会经济体制转型的现实场景中，许多中国企业的仅仅"形似"是由于缺乏足够外在压力，主要表现在两方面：①一些企业人力资源管理部门仅仅关注企业员工的工作业绩管理，而没有深入探究企业内部的激励约束机制建设。如果这些企业人力资源管理部门只注重学习过程中的"继承"，而忽视"发展和创新"，那就很可能会陷入"为制度而制度"的误区。②转型期中国社会与西方国家的文化制度环境具有显著差异，不同文化制度环境中的企业人力资源管理创新形式应当具有不同形态。当然，转型期中国企业的人力资源管理制度建设需要实业界与学界的共同努力，需要实践智慧与理论智慧的不断深入交流。

四、劳动市场视角：市场与政府的关系

（一）重视劳动力市场的理由

针对转型期中国劳动关系协调问题，一些学者开始考察劳动市场，希望从中探求合理阐释转型期中国劳动关系和概括总结中国经济发展经验的事实依据。这种研究趋势正好符合现代理论经济学的基本发展趋势。根据学界的普遍观点，现代理论经济学发展正在显示出两大趋势：①微观理论与宏观理论的融合趋势越来越强；②政府机构与市场运行的相互协调越来越重要。从这个角度来看，转型期中国劳动关系问题的研究重点不能仅仅局限于劳动关系博弈的微观主体，而应当充分考虑转型期中国社会的宏观经济形势和区域间劳动力流动趋势。进而言之，转型期中国劳动关系问题为我们考察中国社会经济体系的转型过程提

供了崭新理论视角，这将有利于我们从微观层面来把握中国社会经济制度转型的宏观趋势。

（二）转型期中国劳动市场的基本特征

1. 总量特征和结构特征

（1）总量特征方面，中国劳动力市场的劳动供给大于劳动需求。其原因主要是：①大量农村剩余劳动力转移到城市地区和非农产业部门。②产业发展的不平衡，特别是劳动需求较高的第三产业发展滞后。③劳动市场的进入门槛较低，劳动力整体素质不高。

（2）结构特征方面，中国劳动市场存在着结构性失衡，即劳动市场的某些局部领域存在着劳动力过剩，而另一些局部领域存在着劳动力短缺。主要表现在：①各地经济增长速度、就业机会、劳动报酬存在着显著差距，因此某些地区往往成为劳动力流动的"净输出方"，而另一些地区则成为劳动力流动的"净输入方"。②不同产业部门中的劳动关系不平衡情况存在着差异。③从不同技术程度劳动者的角度来看，普通技术工人的劳动供给大于劳动需求，而高技术工人的劳动需求大于劳动供给。

2. 企业用工的灵活化趋势

随着中国社会经济体制转型的不断深化，政府行为可能涉及三个方面的劳动关系问题：①政府放松对企业经营的管制力度，试图增强企业用工灵活性。②政府减少对劳动市场的直接干预，以市场交易指导来替代行政命令，试图改善劳动力资源的配置方式。③政府建立和完善社会保障制度，试图增强劳动者的自主选择能力。

根据中国学者潘泰萍的观点，转型期中国企业的用工灵活化趋势越来越明显，主要表现为：①外部数量灵活化，即雇主灵活调整外来劳动力招聘数量。②内部数量灵活化，即雇主灵活改变企业内部员工的工作时间和工作方式。③功能灵活化，即雇主灵活调动企业员工的工作岗位属性。④工资灵活化，即雇主根据市场竞争情况而灵活调整企业员工的薪酬标准[1]。

(三) 转型期中国劳动市场的现存问题

1. "过度灵活化"的弊端

(1) 劳动者权益受损。由于劳动政策规制的力度需进一步加强和一些企业的劳动用工"灵活手段"。许多劳动者面临着两难选择,甚至出现"同工不同酬"和"用工不规范"等现象。

(2) 劳动力素质难以提升。本书认为,如果劳动市场"过度灵活化"趋势普遍盛行,那么劳动者利益和企业利益都会受损。①对劳动者而言,由于劳动者们普遍缺乏工作稳定感和职业成就感,他们将会降低提升自身工作能力和业务素质的积极性。②对企业而言,企业管理将会陷入"人才困境",企业经营绩效将会逐渐下降。事实上,正是基于对"人才困境"的担忧,近年来一些中国企业已经逐渐重视企业员工的从业资格认证问题。

更重要的是,即使企业管理者可以利用劳动市场中的强势地位,在短期内分得更多利益;但从长期来看,如果劳动者的生产积极性和劳动创新力逐渐萎缩,企业市场竞争能力必然受到影响。概括而言,劳动用工"过度灵活化"的企业管理策略只能导致涸泽而渔的结局。

2. 劳动合同的契约不完全性

根据美国学者施瓦茨(Schwarz)的观点,企业主可能会利用市场交易合同的不完全性特征,采取机会主义行为来增进自身利益。契约不完全性的主要原因通常包括四个方面:①语言表述不清晰;②交易双方的疏忽;③由于明确界定特定事项的成本大于收益,所以忽略该特定事项;④不对称信息[2]。

毋庸讳言,在转型期中国劳动市场中,由于劳动合同的契约不完全性,企业主有可能利用自己的市场优势地位,在劳动合同签订过程中减少对自己不利

---

[1] 潘泰萍. 新世纪中国劳动关系调整模式的转型研究[M]. 北京:光明日报出版社,2013.

[2] 科斯·哈特,斯蒂格利茨,等. 契约经济学[M]. 李风圣,译. 北京:经济科学出版社,1999.

的合同条款,或者提供有利于自己的合同条款。从转型期中国劳动市场的长期健康发展角度来看,这种情况显然会增加劳动关系协调的困难程度。

综合而言,转型期中国劳动关系的现有协调方案主要源自不同研究视角:①政府视角;②劳动者视角;③企业视角;④劳动市场视角。遗憾的是,每种方案似乎都只能解决转型期中国劳动关系问题的某个局部难题。进而言之,每种解决方案都具有"程度有限性"和"范围有限性",它们无法根本实现转型期中国劳动关系的协调发展。

本书认为,转型期中国劳动关系的协调过程需要综合运用这四种解决方案。既然真实世界具有多样性,那么我们就应当从多角度考察它;既然转型期中国劳动关系的产生原因是多维度属性,那么我们就应当从多维视角提供解决方案,并且综合运用各种解决方案来破解现实难题。换言之,我们应当将政府、劳动者、企业、市场结合起来,这样才能真正实现转型期中国劳动关系的协调发展。

第四节 协调转型期中国劳动关系的思路探索:劳动者集体组织

在考察现有解决方案的基础上,作者继续思考哪种力量是转型期中国劳动关系中最重要的考察对象?答案是劳动者群体。需要说明的是,如果数量众多的单个劳动者们仅仅是聚集起来,试图"人多势众"来改变转型期中国劳动市场中的劳动者地位,这种设想无法取得长期稳定效果。本书希望强调的是数量众多的单个劳动者们联合起来,建立彼此关系紧密的劳动者集体组织,从而将众多个体利益整合形成集体利益,通过集体行动来谋求劳动者群体的整体利益最大化。

一、关于劳动者集体组织的重要研究命题

根据"问题导向"的研究习惯,本书对"劳动者集体组织"命题的分析逻

辑依次呈现为以下四个问题。

(一)第一个命题:中国劳动关系的主要现实矛盾

随着中国社会经济体制转型的不断深化,越来越多社会公众对"社会利益分配不公平"存在着不满情绪,人们希望分享更多社会发展成果。然而,在转型期中国社会的现实场景中,目前再分配政策只能暂时缩小"富人"与"穷人"之间的收入差距,但无法根本解决贫富差距问题。本书认为,这种收入差距的原因应当向前追溯到"初次分配问题",我们应当关注"劳动者收入"与"雇主收入"的差距问题,并由此延伸到劳动者力量与雇主力量的对比不平衡格局。

(二)第二个命题:劳动关系参与主体力量不平衡的原因

在转型期中国劳动关系中,各方参与主体的力量不平衡原因主要体现在三方面:①从经济层面来看,转型期中国劳动市场的总量特征是供给大于需求,劳动供给方处于弱势地位。②从社会层面来看,雇主方面拥有更多社会资源,他们拥有更高社会经济地位和更多话语权。③从政治层面来看,雇主方面跟组织资源的距离更近,它们有更大的可能性获得政府力量支持。

有意思的是,当组织结构严密的劳动者集体组织替代劳动者们的松散联盟之后,还能观察到劳动关系参与者的力量对比不平衡现象吗?答案是仍然有可能会。原因在于:①现有劳动者集体组织形态未能完全彻底地履行劳动者集体组织职责,没有将广大劳动者们的个体力量有效整合形成集体行动能力。②即使劳动者集体组织进行有效运作,但由于诸多现实因素的阻碍影响,雇员力量与雇主力量仍然无法抗衡。这种情况也被称为"组织失败"。

(三)第三个命题:现有劳动者集体组织为何存在"组织低效"

根据现有文献资料,影响现有劳动者集体组织运行能力的影响因素主要集中在两方面。

(1)从劳动者集体组织角度来看,劳动者力量是中华人民共和国的重要支撑力量之一。在中华人民共和国建立初期,传统劳动者集体组织承担着联结政府机构与国有企业的重要纽带职责。随着中国社会经济体制转型的不断深化,社会各界对"劳动者集体组织"的要求也不断变化。特别是在中国特色社会主义市场经济场景中，劳动者集体组织不仅要努力实现"社会主义"所强调的劳动者集体利益主张，而且还应当符合"市场经济"的普遍要求，更要突出体现"中国特色"。这就要求转型期中国劳动者集体组织不断进行组织创新和功能拓展。

（2）地方政府方面。根据中国学者周黎安的观点，中国经济增长的重要原因是地方政府之间的竞争活动。在劳动要素丰富而资本要素稀缺的现实条件下，追求更高经济增长率的地方政府必然更加青睐资本要素，而逐渐"疏远"劳动要素。事实上，在转型期中国劳动关系的各种现实问题处理过程中，地方政府往往更倾向于支持雇主力量。我们可以设想，如果地方政府的政绩考核标准不再是单纯追求"地区经济增长速度"，而更加关注社会公平和社会稳定，那么劳动者集体组织将会获得越来越多的政府力量支持。

（四）第四个命题：基于劳动者集体组织变革视角的可能思路

针对转型期中国劳动市场的各种现实问题，如果现有劳动者集体组织无法解决这些问题，那么劳动者集体组织变革就是势在必行。这正是哲学意义上的"向死而生"。事实上，现有劳动者集体组织的"制度无效"恰恰为各种劳动者集体组织的创新活动提供了难得的历史机遇，这也是转型期中国社会经济发展的必然需要。

二、三种重要类型的劳动者集体组织

正如前文所言，"劳动者"概念可以从多重维度来进行理解：①从劳动者来源看，他们可能是来自国有企业改制的下岗职工，也可能是农村地区转移出来的过剩劳动力，还可能是刚从学校毕业的学生。②从劳动者去向来看，他们的工作单位可能是民营企业，也可能是各种行政事业单位，还可能是大型国有企业。

正是由于"劳动者"范畴的多元化特征，本书认为，在转型期中国劳动市场中最可能出现的情况是：某些具有高度同质性特征的单个劳动者们联合起来形成小规模劳动者集体组织，然后由众多小规模的劳动者集体组织逐层联合起来，最终形成越来越大规模的劳动者集体组织。本书主要讨论三种重要类型的劳动者集体组织，具体内容如下。

（一）行政型劳动者集体组织

1. 研究对象

劳动者集体组织的第一种重要类型是行政型劳动者集体组织，主要包括国有企业工会、行政事业单位工会等。在转型期中国社会的现实场景中，行政型劳动者集体组织是代表劳动者利益的最重要组织类型，它具有浓厚的行政色彩。值得注意的是，由于国有企业工会和行政事业单位工会具有较完整的工会组织体系，而且配备有专门的工会工作人员，所以现有大量学术研究成果中的劳动者集体组织主要指国有企业工会和行政事业单位工会。

随着中国社会经济体制转型的不断深化，行政型劳动者集体组织应当进行与时俱进的组织变革，从而体现中国特色社会主义市场经济体系建设对劳动者集体组织的时代要求。唯有如此，行政型劳动者集体组织才能够不断创造出新的存在价值，也才能够继续获得劳动者们的普遍认可和社会公众的理解支持。

2. 主要研究命题

（1）行政型劳动者集体组织的功能演变过程如何？

（2）行政型劳动者集体组织发展在转型期中国社会场景中曾经遇到哪些现实困难？

（3）转型期中国社会中的行政型劳动者集体组织应当如何进行组织变革？

（二）地缘型劳动者集体组织

1. 研究对象

劳动者集体组织的第二种重要类型是地缘型劳动者集体组织，主要包括农民工组织、老乡会等。这里的"地缘型"意味着，"地缘关系"是地缘型劳动者集体组织实现组织成员联结的重要纽带。在转型期中国社会的现实场景中，地缘型劳动者集体组织的组织成员主要是由农村地区转移到城市地区的大量农村剩余劳动力。在转型期中国社会的劳动人口大迁移背景下，许多地缘型劳动者集体组织都由来自社会底层的外地劳动者自发建立，这也使得它更容易获得底层劳动者的认可和支持。但由于地缘型劳动者集体组织的组织形式往往较松散，它们缺乏正式组织所要求的各种制度前置条件，甚至没有到相关政府机构进行注册登记，因此它们往往较难获取政府部门的认可和支持。

2. 主要研究命题

虽然地缘型劳动者集体组织的产生具有一定社会合理性，但从组织持续发展角度来看，地缘型劳动者集体组织应当尽量争取更多行政合法性。唯有如此，地缘型劳动者集体组织才能获得更加丰富的组织行动资源，以保证集体组织行动目标的顺利实现。这就需要考虑地缘型劳动者集体组织必须面对的两个重要问题：①如何继续保持社会合理性？②如何争取更多行政合法性？

由此衍生出一系列研究命题：

（1）为什么一些底层劳动者愿意加入地缘型劳动者集体组织，而另一些底层劳动者不愿意加入该集体组织？

（2）地缘型劳动者集体组织能否代表所有底层劳动者利益？它能够代表哪些底层劳动者群体的经济利益和基本权利？

（3）地缘型劳动者集体组织的现实行动能力如何？

（4）地缘型劳动者集体组织能够采取哪些行动策略去争取更多行政合法性？

（三）行业型劳动者集体组织

1. 研究对象

劳动者集体组织的第三种重要类型是行业型劳动者集体组织。主要包括律师协会、注册会计师协会、医生协会、教师协会等。这里的"行业型"主要强调组织成员的行业特殊性，这些行业往往要求从业者具有较高的专业素质和职业道德要求。在转型期中国社会的现实场景中，行业型劳动者集体组织的组织成员往往需要取得从业资格证明，并且需要遵守相关国家法律和行业规定，还要符合社会公众对他们的较高职业道德期望。

2. 主要研究命题

（1）转型期中国社会的行业型劳动者集体组织如何才能吸引更多组织成员？

（2）转型期中国社会的行业型劳动者集体组织如何处理组织成员之间的利益冲突？如何处理组织成员之间的信息沟通问题？

（3）行业型劳动者集体组织如何提高组织运行效率？

（4）行业型劳动者集体组织如何才能逐渐增强自我发展能力？

进而言之，本书希望强调两点重要事项：①虽然本书关注基层工会组织的重要性，但研究的前提条件是坚持中华全国总工会对工会组织体系的宏观管理职责。正是在充分肯定中华全国总工会的宏观管理框架基础上，我们才需要探讨直接面对劳动者们的各种类型劳动者集体组织，这也是从微观层面破解转型期中国劳动关系协调问题的思路探索。②转型期中国劳动者集体组织并非仅仅局限于本书强调的三种重要类型，由于转型期中国社会的复杂环境和劳动者群体的不断分化，转型期中国社会的各种劳动者集体组织具有丰富多样的组织形态。然而，无论何种集体组织形态，转型期中国社会的各种劳动者集体组织都应当高度重视组织成员们的"同质化"要求。通过不断促进越来越多的单个劳动者们进行利益整合和行动力量整合，方能努力构建转型期中国劳动关系的协调发展机制，这是推动中国社会经济持续稳定发展的重要保障。

第三章　行政型劳动者集体组织的重要样本：国有企业工会

国有企业工会是行政型劳动者集体组织的重要样本，其组织演变过程真实地记录了中国社会经济制度转型的历史变迁过程。根据时间维度的先后顺序，本书依次探究国有企业工会的历史、现在、未来。本章主要内容包括：①回顾国有企业工会的功能演变和组织变迁，以确定问题出发点。②分析转型期中国国有企业工会发展的现实困境，以厘清现实困境的真实状况。③探讨国有企业工会发展路径的政治经济学解释，以确定行政型劳动者集体组织发展的未来方向。

第一节　国有企业工会的功能演变和组织变迁

追根溯源，中国劳动者集体组织源自行帮组织，即行会和帮口。根据中国学者全汉升的观点，行会最早出现于春秋时期，至隋唐宋发展到顶点。鸦片战争之后，行会组织分化演变为代表业主利益的"东家行"和代表雇工利益的"西家行"。帮口则是城镇苦力工人的集体组织，又被称为"苦力帮"。传统中国社会中的劳动者集体组织主要是"西家行"和"帮口"，合称"行帮"组织[①]。

现代中国社会中的早期劳动者集体组织产生于1911年辛亥革命前后，并在1919年"五四运动"前后形成蓬勃发展浪潮。根据中国学者刘元文的观点，

---

① 全汉升. 中国行会制度史[M]. 天津：百花文艺出版社，2007.

现代中国的早期劳动者集体组织发起者主要是资产阶级政党和各种"社会主义"政党，主要包括四种类型：①新兴资产阶级建立的劳资混合团体，如1910年湖南资产阶级立宪派建立的湖南工业总会。②以孙中山为代表的资产阶级革命者建立的劳动者集体组织，如1908年在香港建立的中国研机书塾。③小资产阶级和无政府主义者建立的劳动者集体组织，如1912年徐企文等人建立的中华民国工党。④工人自发建立的社团组织，如1912年建立的"上海缫丝女工同仁会"[①]。

中国共产党领导的革命工会则可追溯到中国革命的早期阶段，其组织演变过程为：①1920年上海共产主义小组领导建立第一个现代工会上海机器工会。②1921年中国共产党领导建立第一个全国性工会机构中国劳动组合书记部。③1925年，中国共产党建立中华全国总工会，以下简称全总，全面接替中国劳动组合书记部工作。④1933年，中华全国总工会前往苏区，与全总中央苏区执行局合并，改称为中华全国总工会苏区中央执行局。⑤1948年第六次全国劳动大会在哈尔滨召开，恢复中华全国总工会。

本节内容将详细介绍中国国有企业工会的发展历程，以中华人民共和国成立为时间起点，主要包括三个时期：①中国社会主义制度初创时期；②中国社会主义市场经济建设时期；③新时代中国特色社会主义时期。

一、第一时期：中国社会主义制度初创时期（1949—1977年）

根据中国学者颜辉的观点，中国社会主义制度初创时期的劳动者集体组织发展划分为三个阶段：①中华人民共和国成立伊始和社会主义过渡阶段（1949—1955年）；②十年建设阶段（1956—1965年）；③"文化大革命"阶段（1966—1977年）[②]。

---

① 刘元文. 工会工作理论与实践[M]. 北京：中国劳动社会保障出版社，2008.
② 颜辉. 中国工会纵横谈[M]. 北京：中共党史出版社，2008.

（一）第一阶段：中华人民共和国成立伊始和社会主义过渡阶段（1949—1956年）

1. 组织功能

1949年中华人民共和国成立到1956年社会主义改造基本完成的该阶段中，中国政府曾经两次调整国有企业工会的基本功能定位。

（1）第一次重大调整是1949年中华人民共和国成立伊始，中国政府的工作重点地域逐渐由农村转向城市，工作重点内容由"以农民阶级为主力的武装斗争"转向"以工人阶级为主力的国家工业化建设"。与此同时，国有企业工会的基本功能也逐步由"协助中国共产党夺取政权"转向"推动国家工业化建设进程"。

（2）第二次重大调整是关于"公私关系"的理论争论。

2. 工会组织体系

（1）产业工会。1949年10月全国总工会召开常委扩大会议，着重研究建立产业工会问题。截至1950年年底，全国总工会已经建立了16个全国性的产业工会领导机构（包括6个筹备委员会和3个工作委员会）。

（2）地方工会。自1949年中华人民共和国成立之后，各地国有企业工会体系逐渐建立起来。截至1950年年底，东北、西北、中南三大行政区的工会体系相继成立；中华全国总工会的华东行政区和西南行政区的办事处筹备成立。该阶段组建的其他劳动者集体组织有：47个直属大行政区的省（市）级总工会、176个省属市级工会、168个县级工会、173个专区工会办事处。

3. 具体活动内容

1950年6月中国政府颁布《工会法》。其中规定着国有企业工会的具体活动内容：

（1）在巩固人民政权方面，国有企业工会应当积极响应政府号召。

（2）在发展国民经济方面，国有企业工会应当积极协助政府机构，并开展劳动竞赛，妥善解决公私合营企业中的劳动关系纠纷，恢复国家生产能力和维护社会秩序。

（二）第二阶段：十年建设阶段（1956—1965年）

以1956年社会主义改造基本完成作为重要标志，中华人民共和国进入国民经济的全面建设时期。1956年中国共产党八大提出：中国社会的主要国内矛盾是社会主义制度先进性与落后社会生产力之间的矛盾；当前党和全国人民的主要任务是集中力量发展生产力，尽快使中华人民共和国由落后农业国家转变为先进工业国家。在实践过程中，国有企业工会的基本工作方针是"以生产为中心"。该阶段的国有企业工会活动主要包括以下几点[1]。

1."大跃进"中的社会主义劳动竞赛和技术革新

1958年中共中央发动"大跃进"运动之后，国有企业工会和广大工人群众积极参与到"大跃进"运动之中。其主要活动内容包括：①各地国有企业工会纷纷开展"社会主义劳动竞赛"，一大批劳动模范和先进生产集体涌现出来。②这场劳动竞赛演化为群众性的"先进帮扶后进"活动，鼓励"一枝独秀不是春，万紫千红才是春"。③不断掀起技术革新浪潮，积极改进操作技术和机器设备。

2."三年困难时期"协助政府工作

1961年1月中国共产党八届九中全会通过"调整、巩固、充实、提高"的八字方针之后，国有企业工会积极协助政府机构，主要做好两方面工作：①协助政府机构精简企业富余工人，做好被精简工人的安置工作。②关心工人群众的基本生活诉求，通过困难补助和互助储备金等多种形式来解决职工群众的生活困难和工作困难。

（三）第三阶段："文化大革命"阶段（1966—1977年）

在"文化大革命"的中后期，国有企业的工人群众的态度主要体现在坚持生产建设，抵制错误思想。

---

[1] 杨海涛. 体制转型背景下的中国民间公共组织发展[M]. 北京：北京大学出版社，2016.

二、第二时期：中国社会主义市场经济建设时期（1978—2011年）

结合中国社会主义市场经济体制的形成过程，本书将中国社会主义市场经济建设时期的国有企业工会发展过程分为三个阶段：①重启社会主义现代化建设阶段（1978—1991年）；②中国特色社会主义道路建设阶段（1992—2000年）；③"和谐社会"思想指导阶段（2001—2011年）。

（一）第一阶段：重启社会主义现代化建设阶段（1978—1991年）

1978年开始，中国国有企业工会开始重新认识自身基本功能。特别是在中国社会经济体制转型的现实背景下，国有企业工会如何适应不断变化的社会经济环境？转型期中国国有企业工会的时代任务和基本功能是什么？这一系列问题构成转型期中国国有企业工会面临的重大现实考验。

1. 工会组织改革的基本思路

（1）1988年工会十一大通过《工会改革的基本设想》，确立转型期中国国有企业工会改革的基本思路，即"一个中心""两个维护""四项职能"。其具体内容为：①"一个中心"是以经济建设为中心；②"两个维护"是维护全国人民的总体利益和维护职工群众的具体利益；③"四项职能"是维护、建设、参与、教育。

（2）根据《工会改革的基本设想》，国有企业工会改革的基本目标是把中国工会建设成为中国共产党领导的，独立自主、充分民主、职工信赖的工人阶级群众组织，在国家和社会生活中发挥重要作用的社会政治团体。针对这一基本目标，国有企业工会采取了一系列具体措施：①理顺工会的外部关系，主要是工会与党的关系、工会与政府的关系；②密切工会与职工群众的联系，增强基层工会活力，逐步改革劳动者集体组织和干部管理制度，努力构建"上级代表下级，工会代表职工"的工会运行机制。

（3）1989年12月中共中央发布《关于加强和改善党对工会、共青团、妇联工作领导的通知》，强调中国工会的主要现实问题是不能很好地代表和维护职工的利益……工会一旦脱离群众,不仅劳动者集体组织的自身发展受到制约,而且它难以承担"桥梁""纽带""学校"等功能。

2. 国有企业工会改革的具体实践活动

(1) 自中国工会第九次全国代表大会之后,各地国有企业工会积极推动机构改革和工会组织建设。围绕以经济建设为中心,各地国有企业工会纷纷组织工人群众开展劳动竞赛,鼓励增产节约和安全生产。

(2) 自中国工会第十次全国代表大会之后,国有企业工会积极开拓工会工作的新领域,主要集中在三方面:①积极参政议政,维护职工合法权益。②建设"职工之家",增强基层工会活力。③针对乡镇企业和"三资"企业进行工会组建试点工作。

(3) 自中国工会第十一次全国代表大会之后,以国有企业工会为主的劳动者集体组织积极推进基层组织建设。主要措施包括:①根据《中华人民共和国全民所有制工业企业法》等政策法规,各地国有企业工会积极参与政府组织的改革方案研究,继续探索解决国有企业职工关心的劳动人事、工资分配、养老保险、待业保险、住房制度等问题。②继续深入开展建设"职工之家",推广各地基层工会组织的先进工作经验。③鼓励各地劳动者集体组织兴办各种类型的经济实体。

(二)第二阶段:中国特色社会主义道路建设阶段(1992—2000年)

1992年,中国社会进入社会经济体制转型的重要阶段。随后,中国共产党十四大提出,中国经济体制改革的战略目标是建立社会主义市场经济体制。与国家发展战略相适应,国有企业工会也随之调整总体工作思路和具体工作方针。

1. 总体思路

(1) 1993年10月中国工会第十二次全国代表大会在北京召开。在总结中华人民共和国成立以来的工会发展历史经验教训基础上,全总十二大提出该阶段工会活动的基本方针:①坚定不移地贯彻执行中国共产党基本路线,即以经济建设为中心,坚持四项基本原则,坚持改革开放。②在维护全国人民总体利益的前提下,更好地表达和维护职工群众的具体利益,全面履行各项社会职能,充分发挥民主渠道和社会调节作用。③团结和动员全国职工,巩固和发展安定团结的政治局面,争取把中华人民共和国建设成为富强、民主、文明的社会主义现代化国家。

(2)中国工会第十二次全国代表大会提出,积极探索中国特色社会主义工会工作的新路子,努力开创工会工作新局面。1994年6月,全总十二届三次主席团会议提出应当努力认清社会主义市场经济发展带来的新情况和新问题,积极探索在社会主义市场经济发展过程中的工会工作新思路。

2. 基本工作方针

1998年10月中国工会第十三次全国代表大会在北京召开,国有企业工会的基本工作方针逐渐明确,主要包括:①基本工作框架是"五突破和一加强"。②工作目标是"三个最大限度"。③工作手段是"抓机制、办实事、转作风、求实效、促发展"。

(1)"五突破"的具体内容是:①积极协助党政部门做好国有企业减员增效、下岗职工基本生活保障和再就业等工作,深入实施"送温暖工程"。②坚决维护职工的经济利益,理顺劳动关系,推行平等协商和集体合同制度的工作新突破。③坚持和完善以职工代表大会为基本形式的企业管理制度,实行厂务公开和民主评议企业领导人。④推动国有独资公司和国有控股公司不断完善法人治理结构,建设全心全意依靠职工办好企业的领导班子,董事会和监事会都要有职工代表参与。⑤加快建设企业劳动者集体组织步伐,努力把职工群众组织到工会中来。

(2)"一加强"的主要内容是:加强工会自身建设,认真解决工会领导机关的机构、机制、干部素质等问题,以适应中国社会经济体制改革的新形势。

(3)"三个最大限度"的主要内容是:①最大限度地将广大职工群众组织到工会中来。②最大限度地维护广大职工群众的合法权益。③最大限度地保护、调动、发挥广大职工群众的积极性和创造性。

(三)第三阶段:和谐社会思想指导阶段(2001—2011年)

1."和谐社会"理念

(1)2002年11月中国共产党十六大在北京召开,明确提出全面建设小康社会的奋斗目标。2003年9月全国总工会十四大在北京召开,指出工会组织要准确把握自己的定位,做到围绕中心、服务大局、全面履行各项社会职能,突出维护职工合法权益的职能。2004年12月全国总工会十四届执委会第二次全体会议提出该阶段工会工作的基本方针,即组织起来,切实维权。

(2)2006年10月中国共产党第十六届中央委员会第六次全体会议通过《中共中央关于构建社会主义和谐社会若干重大问题的决定》,提出构建社会主义和谐社会是建设中国特色社会主义的重大战略任务。

(3)2006年12月全总十四届十一次主席团(扩大)会议提出,以职工为本、主动依法科学维权的中国特色社会主义工会维权观。其主要内容是:①坚持维护全国人民总体利益和维护职工群众具体利益相统一的维权原则,这是中国工会与资本主义国家工会的本质区别之一。②坚持竭诚为职工群众服务的维权宗旨。③坚持和谐发展、互利共赢的维权理念。④坚持统筹兼顾、突出重点的维权方法。⑤坚持党政主导和工会运作的维权格局。

(4)2007年10月中国共产党十七大在北京召开,这次会议强调该阶段工会工作重点是改善民生,要求工会组织积极配合政府机构,妥善解决教育、就业、收入分配、社会保障、医疗卫生、社会管理等直接影响社会公众根本利益的现实问题。

(5)2008年10月全总十五大在北京召开,强调坚持社会主义核心价值观,指出中国工会发展的基本方向是中国特色社会主义工会发展道路。

2.劳动者群体的阶层分化

在1978年中国社会经济体制改革之前,劳动者们主要分为三种类型:工人、干部、知识分子。随着国有企业改革的不断深化和民营经济的迅速发展,劳动者群体逐渐发生分化,逐渐形成许多不同类型的"劳动者小群体"。通过"求同存异"的结盟行动,这些"劳动者小群体"逐渐"融合"形成代表特定社会阶层利益的集体组织。它们的"最大公约数"体现着劳动者群体的共同利益和阶层划分标准。

3. 国有企业工会的"维护"职能

自中华人民共和国成立之后,国有企业工会的最重要职能就是"维护"职能。在最初制度的设计蓝图中,"维护"职能应当具有双重属性,既要维护企业职工利益,又要维护国家利益。随着中国社会经济体制转型的不断深化,国有企业工会的"维护"职能主要体现为以下两点[1]。

(1) 维护劳动者群体的经济利益。主要表现在:①保障劳动者群体的工资收入等合法利益。②在普遍关注劳动者群体利益的基础上,强调扶助弱势群体,积极推动再就业工程和"送温暖"工程。③妥善解决劳动者群体的生活困难,特别是子女入学难、住房难、医疗难、法律援助难等问题。

(2) 维护劳动者群体的劳动权利。主要表现在:①参与劳动关系的协调工作,构建以平等协商和集体合同为主体,以劳动争议调解和劳动争议仲裁为补充的劳动关系协调机制。②建立和健全劳动保护机制,增强工会监督能力,营造安全工作环境,避免工伤事故发生。③协助政府机构和企业妥善解决突发性劳动争议事件。

三、第三时期:新时代中国特色社会主义时期(2012年至今)

(一) 新时代中国特色社会主义思想的提出

2012年11月中国共产党十八大在北京召开,报告强调坚持中国特色社会主义道路。

2014年提出"新常态",强调从当前我国经济发展的阶段性特征出发,适应新常态,保持战略上的平常心态。这意味着,在经历30多年的高速经济增长之后,中国社会开始重新认真思考经济增长方式转型和社会发展观念更新等重

---

[1] 杨海涛. 体制转型背景下的中国民间公共组织发展[M]. 北京:北京大学出版社, 2016.

要命题。

2017年10月中国共产党十九大在北京召开，报告提出新时代中国特色社会主义思想。这次报告强调不忘初心，牢记使命……必须从理论和实践结合上系统回答新时代坚持和发展什么样的中国特色社会主义、怎样坚持和发展中国特色社会主义。

（二）新时代中国特色社会主义思想的理论内涵

新时代中国特色社会主义思想是中国社会不断进行实践探索和理论创新的产物。自中华人民共和国成立以来，中国领导人和全国人民不断进行实践层面和理论层面的大胆尝试，在摸索社会主义发展道路的基础上，不断进行理论提炼和系统化。

新时代中国特色社会主义思想具有强烈的现实性和实践性。具体表现为：①"现实性"意味着，新时代中国特色社会主义思想具有鲜明的时代特征。特别是在中国社会经济体系在经历30多年的经济高速增长之后，应当重新审视新形势下的中国社会发展道路和经济增长方式。②"实践性"意味着，新时代中国特色社会主义思想应当立足中国现实场景，根据中国社会发展的实践经验和教训进行归纳总结和理论提炼，逐渐形成指导中国社会健康发展的正确思想。

新时代中国特色社会主义思想始终坚持中国社会发展的社会主义属性。从现有经典文献来看，社会主义特征要求我们始终坚持以人为本人，坚持把人类共同发展作为社会进步的重要标志。本书认为，如果我们只重视器物和具体事情，只重视地方经济增长和GDP指标，这将会逐渐偏离社会主义的本质要求，也不利于中国社会经济体系的长期稳定发展。

（三）中国工会发展新道路

在新时代中国特色社会主义思想的整体理论框架中，以国有企业工会为主的中国劳动者集体组织应当不断探索新道路。具体表现为：①"新时代"要求中国国有企业工会依据现实环境条件适当调整组织行动策略，从单纯提供集体福利转变为提供综合性的公益物品。②"中国特色"要求包括国有企业工会在内的所有中国劳动者集体组织不应该单纯模仿国外劳动者集体组织的做法,不能单纯依靠提供集体性福利来吸引企业职工,而应当切实关心劳动者们的经济利益和社会权利。③"社会主义"要求国有企业工会应当始终坚持社会主义方向,始终将维护劳动者权益置于重要位置。

回顾中国社会经济体制转型的40年历程,如果说前30年的国家战略重点是经济增长,那么在新时代中国特色社会主义思想的指导下,未来中国社会的国家战略重点将是社会发展,也就是让更多人分享中国经济增长和社会发展成果。当然,转型期中国社会必然存在着各种利益冲突,这就需要包括国有企业工会在内的各种集体组织共同努力,通过相互协商和相互妥协来实现共同利益最大化。这是转型期中国社会建设的中庸之道,也是中国国家发展的"中国智慧"。

第二节 国有企业工会发展的现实困境

根据马克思主义政治经济学的观点,国有企业工会需要解决三个问题:①代表谁的权益?②代表什么权益?③如何代表权益?本书认为,转型期中国国有企业工会发展的现实困境恰恰集中表现在这三个方面:①针对"代表谁的权益"问题,目前一些国有企业工会存在着信任危机。②针对"代表什么权益"问题,目前一些国有企业工会存在着"组织目标的模糊化"。③针对"如何代表权益"问题,目前一些国有企业工会存在着组织手段的残缺化。

一、代表谁的权益:信任危机

(一)问题的提出

通过考察中国工会发展历史,我们发现在中华人民共和国建设过程中,国有企业工会具有不可替代的重要作用;但随着中国社会经济体制转型的不断深化,一些劳动者对国有企业工会的信任危机逐渐暴露出来。根据2008年工会十五大通过的《中国工会章程(修正案)》,工会组织应当代表国家利益、会员利益和职工利益。但在转型期中国社会的实践活动中，如果国家利益和国有企业职工利益发生冲突时，国有企业工会将如何取舍呢？如果再考虑到市场经济体系中越来越强势的企业力量，这个问题将会变得更加复杂。我们不禁发问，国有企业工会究竟应该代表谁的利益？

（二）信任危机的演化过程

1. 第一阶段：国家、企业、普通劳动者的共同利益

自中华人民共和国成立以来，中国社会长期实行总体性的计划经济体制。它具有三项特征：①政府机构控制着所有社会经济资源。②国有企业是城市工业体系的主体部分，它集政治、社会、经济功能于一身；它既要执行国家生产任务，又要承担国家福利责任，还为企业职工提供全面保障。③工人阶级是中国社会经济体系的最重要建设者，他们被尊称为"老大哥"。

在总体性社会中，国有企业工会具有不可替代的重要地位。主要表现在三方面：①由于工人阶级在整个中国社会的强势地位，这就使得国有企业工会具有较强社会影响力。②由于国家利益、企业利益、普通工人利益的高度一致性，这就使得国有企业工会无须纠结"代表谁的利益"难题。③由于工人阶级与政府机构能够直接对话，这就使得国有企业工会只需要切实履行"传送带"职责而不必强调自身组织利益。当然，这也是后来一些国有企业工会自主性削弱的重要原因。

2. 第二阶段：利益共同体的三元分化

自1978年中国经济体制改革之后，中央政府和地方政府日益强调以经济建设为中心。各级政府部门不断增加国有企业的自主管理权限，推动国有企业逐渐剥离社会责任和政治责任，最终使之转变为单纯意义上的企业组织。随着国有企业的自主管理权不断增强，国有企业利益与企业职工利益逐渐分离。主要表现在两个方面：①在劳动者争取工作机会时，企业职工与国有企业需要签订劳务合同，双方按照市场规律建立契约关系，这就使得工人阶级作为"国家主人翁"的感情因素逐渐淡化。②在劳动者获得工作机会之后，国有企业将会

对企业职工进行严格管理，以激励约束机制和企业规章制度，替代以前的政治动员和思想鼓动。

特别需要强调的是，国有企业改革过程使得原有国有企业职工的身份发生深刻变化。在经历下岗风险和再就业困难之后，许多劳动者更加珍惜工作岗位，自愿接受企业规章制度和激励约束机制的严格限制。正是在这个过程中，国有企业职工逐渐演变为众多"原子化"的单个劳动者，他们在劳动市场中的谈判地位变得越来越弱。

毫无疑问，如果将国有企业工会视为处于国有企业与企业职工之间的"中间层组织"，那么企业职工的弱势地位必然影响国有企业工会的话语权。但当中国社会经济体制转型场景中出现这些利益冲突时，一些国有企业工会可能会犹豫，这就使之陷入广大劳动者们的"信任危机"之中。

（三）信任危机中的国有企业工会角色

为了全方位考察转型期中国国有企业工会在"信任危机"中的处境，本书将从"他者"和"自者"的不同视角来进行分析。其中，"他者"视角包括国有企业职工视角、企业视角、政府视角；"自者"视角则是国有企业工会自身视角。

1. 国有企业职工视角

根据中国学者王晓慧的描述，一些国有企业职工认为国有企业工会是可有可无的；现在的国有企业工会擅长做锦上添花的事情，但对于职工尊严和经济利益受侵害等事情却无法雪中送炭[1]。

在一些国有企业职工眼中，国有企业工会只是国有企业组织体系中的"摆设"，它无法切实解决企业职工的现实难题。当国有企业利益与企业职工利益发生冲突时，他们对国有企业工会的立场和做法持有怀疑态度。

另一些国有企业职工则认为，国有企业工会的主要职责是提供具有"公共

---

[1] 王晓慧. 国企工会参与职能与福利职能变迁研究[M]. 北京：中国工人出版社，2014.

物品"性质的集体福利。即使自己不积极参加工会活动，也能通过"搭便车"行动来分享这些"公共物品"的好处，因此他们缺乏积极参加国有企业工会活动的动机。

2. 企业视角

根据2008年《中国工会章程（修正案）》规定，工会经费来源为：①会员缴纳的会费。②企业、事业单位、机关和其他社会组织按全部职工工资总额的2%向工会拨缴的经费或者建会筹备金。③工会所属的企业、事业单位上缴的收入。④人民政府和企业、事业单位、机关和其他社会组织的补助。⑤其他收入。在目前国有企业工会的实践活动中，工会经费的主要来源是上述第2项。

事实上，由于国有企业工会的经费来源、人员配备、社会关系网络都高度依赖于国有企业管理部门支持，所以许多国有企业工会对所属企业存在着严重依附性。

3. 政府视角

自中国劳动者集体组织产生之日起，它就承担着表达政党意识和国家意见的重要任务。从政府视角来看，国有企业工会角色主要体现在两方面。

（1）国有企业工会是坚持社会主义方向的重要社会力量。根据《宪法》规定，"中华人民共和国是工人阶级领导的、以工农联盟为基础的人民民主专政的社会主义国家"。由此可见，国有企业工会是代表劳动者利益的重要组织载体，也是坚持社会主义方向的重要社会力量。①在计划经济体制时期，借助国有企业工会的"渠道功能"和"传送带功能"，政府意志和劳动者意愿能够保持交流渠道畅通，以便保证国家利益与劳动者利益一致。②在社会主义市场经济建设时期，政府将国有企业工会视为国家行政管理组织体系的重要组成部分；借助国有企业工会的组织载体，政府层面能够逐步落实关心人民群众利益的政治信念。

（2）在新时代中国特色社会主义的现实场景中，国有企业工会应当是消减社会风险的重要缓冲机制。随着劳动关系协调问题的日益重要，包括国有企业工会在内的各种劳动者集体组织正在逐渐成为消减社会风险的重要缓冲机制。当劳动关系冲突事件发生时,劳动者利益与企业利益之间的分歧往往已经达到相当严重程度。此时,如果让劳动者与企业负责人直接面对面进行交流,谈判活动很可能陷入情绪化的争吵之中。考虑到这种情况,一些地方政府在处理劳动关系冲突事件中就积极推动劳动者集体组织参与谈判活动,其意图就是在劳动者与企业管理者之间嵌入能够"左右逢源"的第三方缓冲力量。

4. 国有企业工会自身视角

虽然国有企业工会与企业职工具有密切关系,但国有企业工会利益与企业职工利益未必始终保持一致,国有企业工会具有自身组织利益诉求。美国学者斯科特(Scott)认为,组织是力图在特定环境中适应并生存下来的社会团体[1]。为了适应中国社会经济体制转型的现实场景,国有企业工会需要不断对自身角色进行重新定位,以增强自身发展能力。正是由于一些国有企业工会试图从政府、企业、社会等各方面都获取组织发展资源,这就造成它们在"代表谁的利益"问题上犹豫不决。

事实上,当国家利益、企业利益、劳动者利益之间发生矛盾时,国有企业工会往往试图充当中间人和协调者角色。从国有企业工会的行动资源来看,国家为之提供组织行动的行政合法性,企业为之提供组织行动的经费支持,劳动者为之提供组织行动的社会诉求。如果能够将三者有效结合起来,国有企业工会就可以实现正常运转;如果上述三者之间存在着冲突,一些国有企业工会的迟疑举动将会导致其最终行动结果的低效率。

二、代表什么权益:组织目标的模糊化

(一)问题的提出

即使信任危机不存在,企业职工愿意积极配合国有企业工会的各项活动,但一些国有企业工会仍然面临着"代表什么权益"问题,其行动目标是模糊不

---

[1] 斯科特. 组织理论[M]. 黄洋,译. 北京:华夏出版社,2002.

清的。通常情况下，劳动者"权益"应该包括四个层面：①直接经济利益，即工资标准、工时标准、劳动条件、生活福利等。②直接权利，即就业权、休息权、劳动保护权、职业培训权等。③企业经营管理事务的知情权、参与权等。④坚持社会主义的基本权利。在以上劳动者权益之中，企业职工最关心的是直接经济利益和直接权利，它们也是国有企业工会在维权活动中设定的最重要短期行动目标。

事实上，如果该国有企业工会所属的国有企业具有良好经营绩效，并且它愿意为国有企业工会提供经费支持和人员支持，那么企业职工的直接经济利益和直接权利都能得到保证。遗憾的是，无论这些国有企业工会如何努力，也无论它能够从国有企业管理者那里争取到多少直接经济利益或者直接权利，总会有一部分企业职工对结果不满意。这些不满意者可能会质疑国有企业工会的行动策略和工作动机，甚至全盘否认国有企业工会付出的各种努力。由于这些不满意见的干扰因素影响，一些国有企业工会的组织目标变得多样化和模糊化，这就直接导致组织目标的模糊化困境。

（二）四种合法性与四种权益

组织目标是确定组织生存价值的重要依据。如果组织目标模糊化，那么该组织就无法明确自身存在的社会价值。目前，一些国有企业工会的组织目标模糊化实质是组织目标多元化。主要表现在以下两方面。

1. 四种合法性

大量文献资料表明，一些国有企业工会试图从政治、经济、文化等多方面获取组织发展资源和合法性，这是导致组织目标多元化的重要原因。根据中国学者高丙中的研究成果，国有企业工会的合法性特征应当包括四个方面[①]，如图3-1所示。

---

① 高丙中. 社会团体的合法性问题[J]. 中国社会科学，2000（2）.

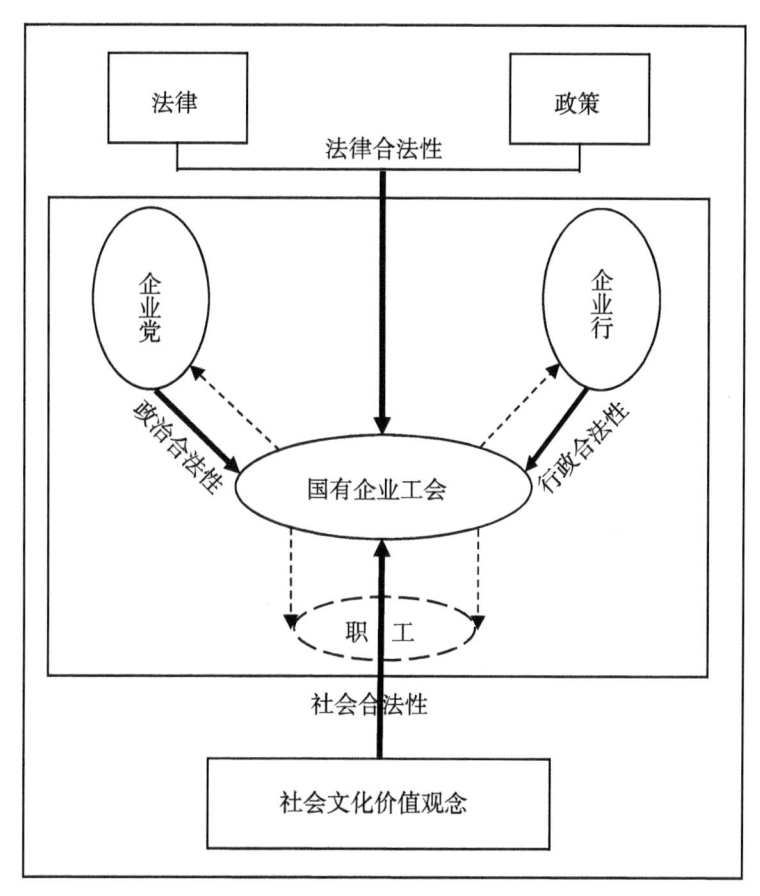

图 3-1 四种合法性机制的关系

（1）政治合法性。在中国特色社会主义市场经济的理论框架中，国有企业工会是坚持社会主义价值观念的重要社会力量。在国家意识形态和政府机构的支持之下，国有企业工会才能充分发挥维护劳动者利益的社会职能。换言之，国有企业工会应当高度重视政治合法性，以获取政治组织资源支持。

（2）法律合法性。根据 2008 年《中国工会章程（修正案）》规定中国工会是会员和职工利益的代表，这就从法律层面明确界定了国有企业工会的角色。在国有企业工会的具体实践过程中，这种法律合法性源自国家法律规定，它是国有企业工会获得司法力量支持的重要前提条件。

（3）社会合法性。国有企业工会的群众基础是广大企业职工们。如果某个国有企业工会无法及时有效地响应企业职工提出的各种利益诉求和权利诉求，那么该国有企业工会将会逐渐丧失群众基础，它将无法承担劳动者利益代表者的职责，最终会被企业职工所抛弃。

（4）行政合法性。国有企业工会是中国行政机构管理序列中的重要组成部分，应当严格遵守行政规章制度和行政办事程序。唯有如此，国有企业工会才能切实保证各项组织行为的正当性。

通常情况下，如果国有企业工会能够同时获得政治合法性、法律合法性、社会合法性、行政合法性，那么它就能够得到足够的组织行动资源。遗憾的是，正是由于这四种合法性机制造成了国有企业工会的目标多元化，它需要协调政府机构、法律机关、社会公众、行政管理部门的多重利益目标，结果往往使得国有企业工会陷入组织目标模糊化或组织目标多元化局面。

2. 四种权益

根据中国学者原会建的观点，国有企业职工的基本权益应当包括以下四个方面[①]。

（1）法律层面的权益。在以《劳动法》和《工会法》为核心的现行劳动法律体系中，国有企业职工的具体权益主要包括职业选择权、劳动获酬权、休息权、劳动保护权、职业培训权、保险和福利权、争议处理权等。

（2）法理层面的权益。从法理层面来看，企业组织拥有企业产权，企业职工则拥有劳动权。根据法理学中的平衡原则，转型期中国社会不仅应当关注企业权益，而且应当重视劳动者应该享有的基本权益。

（3）人性层面的权益。国有企业职工不仅仅是单纯的劳动工具，还是具有情感需求和权利诉求的"人"，他们应当享有生命安全的基本保障和追求体面生活的基本权利。正如中国共产党十八大报告所言，公平正义是中国特色社会主义的内在要求……逐步建立以权利公平、机会公平、规则公平为主要内容的社会公平保障体系。

---

① 原会建. 国有企业工会维护职工权益的机制研究——基于某大型企业工会的个案调查[M]. 北京：人民出版社，2015.

（4）天道层面的权益。天道意味着自然正当性。从社会自然演化的角度来看，国有企业工会应当坚持公道和正义，以维护劳动者群体的合法权益，并获得社会公众的普遍认同。

在转型期中国社会的现实场景中，国有企业工会需要平衡法律、法理、人性、天道的四种权益观念，这无疑是相当困难的问题。特别是在面对企业职工们的具体生活困难事项时，国有企业工会必须在各种权益主张中进行权衡，往往陷入左右为难的尴尬局面。

（三）政治性与社会性

从理论层面来看，根据现行法律和行政规章，国有企业工会同时具有社会性和政治性。主要理由有两点：①根据中央机构编制委员会办公室规定，中华全国总工会属于"群众性团体组织"，它是中国共产党联系群众的重要桥梁和纽带。② 2001年《工会法》规定，"中华全国总工会、地方总工会、产业工会具有社会团体法人资格……基层劳动者集体组织具备民法通则规定的法人条件的，依法取得社会团体法人资格"。

从实践层面来看，包括国有企业工会在内的行政型劳动者集体组织应当同时坚持社会性和政治性，方能获得国家政权的认可和支持。中国学者罗峰曾经提出"组织嵌入"概念[1]，强调中国共产党应当通过嵌入社会组织来实现整合社会资源和政治力量，进而推动转型期中国社会的持续稳定发展。在中华人民共和国的国家建设蓝图中，包括国有企业工会在内的行政型劳动者集体组织具有明显政治性，这是中国共产党实现"人民共同利益"的重要保证。

国有企业工会属于政治性社会团体，同时具有政治性和社会性。一方面，它应当体现劳动者利益；另一方面，它必须依附于各级政府机构，才能获得组织生存和发展的必要资源。正是由于两种属性之间的冲突，一些国有企业工会逐渐成为"二政府"，而一些国有企业工会则跟政府机构日益疏远，其实这两种情况都不符合国有企业工会的组织发展目标。

---

[1] 罗峰.社会组织的发展与执政党的组织嵌入：政党权威重塑的社会视角[J].中共浙江省委党校学报，2009（4）.

综上所述，针对"代表什么权益"的重要问题，国有企业工会只能默默地在四种合法性之间艰难选择，在四种权益观念之间反复权衡，在政治性与社会性之间左右为难。虽然，国有企业工会希望从多方面获取组织发展资源，但结果却不理想，最终面临着组织目标模糊化。本书认为，随着中央政府日益强调"社会发展"的重要性，包括国有企业工会在内的行政型劳动者集体组织应当逐渐增强社会属性，努力整合各种社会资源，才能真正体现劳动者权益和社会主义价值观念。

三、如何代表权益：组织手段的残缺化

（一）问题的提出

在国有企业改革和破产重组的过程中，大批国有企业工人失去工作机会。在这种情况下，国有企业工会应当与时俱进地创新工作方式，既要符合宏观层面的国家发展战略，又要切实维护劳动者的基本权益。

在转型期中国社会的现实场景中，一些国有企业工会尝试进行工作方式的大胆创新。主要包括：①通过政治动员疏导职工情绪，使企业职工能够理解国家意志和政府意图，进而获得政府层面的政治认可。②通过"送温暖""节日慰问"、困难职工帮扶等援助行动，增强企业职工对国有企业工会的信任感。③通过鼓励企业职工配合企业经营管理活动和提出合理化建议，争取企业管理者对企业劳动者集体组织的认同。④通过鼓励企业职工参与社会公益活动，使劳动者获得更多社会尊重和自我实现感。

然而，并非所有国有企业工会都能做到尽善尽美，实际场景中的许多国有企业工会并非"不想为"，而是"不能为"。换言之，这些国有企业工会往往缺乏实现组织目标的重要手段，结果表现出组织手段残缺化。哪些因素将会影响国有企业的组织手段效率呢？本书将从两方面进行分析：①组织手段的内部力量来源是组织活动能力；②组织手段的外在表现形式是组织行动策略，如图3-2所示。

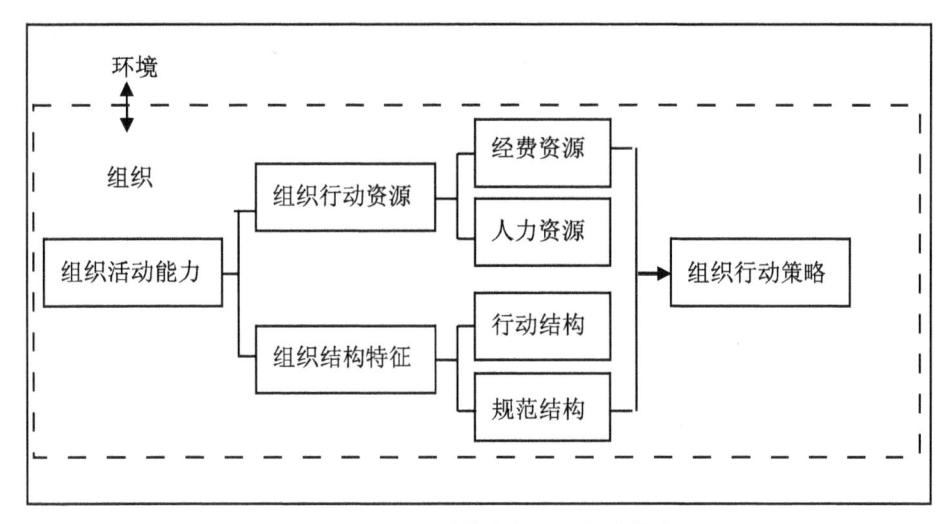

图 3-2 组织活动能力与组织行动策略

（二）组织行动资源

1. 经费资源

在具体实践过程中，行政型劳动者集体组织的活动经费主要来源于企业、事业单位、机关和其他社会组织按全部职工工资总额的 2% 向工会拨缴的经费或者建会筹备金，国有企业工会的活动经费则往往依赖于国有企业的直接拨款。

正是由于国有企业工会的经费来源具有非独立性，它在实际工作中往往遇到两种情况：①当企业职工利益要求国有企业工会"撑腰"而向国有企业管理者提出利益诉求目标时，国有企业工会往往很难"理直气壮"。②如果国有企业工会的所属国有企业经营绩效较差，那么国有企业工会的经费来源就会大幅度萎缩，这将会限制国有企业工会的活动开展能力和创新能力，甚至影响其生存状态和日常运行。

2. 人力资源

根据 2001 年《工会法》规定，职工 200 人以上的企业、事业单位的工会，可以设专职工会主席；工会专职工作人员的人数由工会与企业、事业单位协商确定。2006 年《企业工会工作条例》也规定，工会专职工作人员一般按不低于企业职工人数的3‰配备，具体人数由上级工会、企业工会与企业行政协商确定。但在市场竞争日趋激烈的商品经济环境中，一些国有企业认为，工会不是生产组织，不具有盈利能力，工会专职人员增加只会带来企业成本上升。它们往往从减员增效的思路出发，尽可能减少工会专职人员数量，结果导致一些国有企业工会的组织规模萎缩和专职工会干部减少，甚至许多国有企业工会的工会主席身兼多职。

（三）组织结构特征

随着中国社会经济体制转型的不断深化，国有企业工会应该不断调整行动结构和规范结构，以增强它在特定社会经济场景中的应变能力。

1. 行动结构

行动结构是指特定组织在实际运行过程中的组织行动特征。随着组织外部环境的不断变化，国有企业工会必须不断调整各种内部因素的组合方式，从而保证组织结构与组织环境之间的适应性。在转型期中国社会的现实场景中，国有企业工会的行动结构不仅体现为"实然"状态，而且体现国有企业工会对转型期中国社会实践环境的现实应对策略。

2. 规范结构

规范结构体现着特定组织的"应然"社会要求。在大多数社会公众的观念中，国有企业工会应当符合国有企业职工和社会公众的合理期待：①国有企业职工希望国有企业工会切实维护企业职工利益；②社会公众希望国有企业工会能够起到良好示范作用以向社会各界宣示社会公正。社会主义国家的主流意识形态决定着国有企业工会应当坚持维护劳动者利益，这是国有企业工会规范结构的基本特征。

事实上，国有企业工会的行动结构与"规范结构"存在着显著差异，其"实然"状态与"应然"状态之间是不匹配的，这就要求国有企业工会不断进行组织创新和工作方式创新。

（四）组织行动策略

国有企业工会的具体行动策略涉及两个重要问题：①国有企业工会主要依靠什么力量来实现行动目标？答案是柔性机制。②国有企业工会如何整合和平衡多重因素？答案是力量整合机制。

1. 柔性机制

针对第一个问题，国有企业工会通过柔性机制的组织行动策略，尽量争取更多劳动者的认同和支持，依据环境变化而相应调整国有企业工会的组织行动策略。在转型期中国社会的实践过程中，国有企业工会的主要工作内容包括解决企业职工的子女入学问题、节日慰问、体育运动、健康教育、职业安全教育等一系列活动。虽然在国有企业转变经营机制之后，一些国有企业工会在调解劳动纠纷、家庭纠纷等方面的作用逐渐弱化，但这些工会组织的工作人员仍然在尽力帮助企业职工解决各种生活困难。

需要强调的是，一些学者认为柔性机制是国有企业工会的无奈之举。但本书认为，柔性机制恰恰体现着国有企业工会的务实态度。国有企业工会要想维护劳动者群体利益，前提条件就是赢得被维护者的认可。事实上，国有企业工会通过柔性机制开展的一系列情感沟通活动，正在逐渐赢得劳动者群体的集体认同。

2. 力量整合机制

针对第二个问题，国有企业工会应当将各种内部因素和外部因素整合起来，应当从政府、劳动者、企业、社会公众的多维度获取组织行动资源，从而不断增强国有企业工会的组织行动能力。具体而言，转型期国有企业工会的力量整合机制主要包括三方面内容：①通过向政府机构表达政治忠诚，以争取政治信任。②通过跟企业职工进行情感沟通，以争取情感信任。③通过向社会公众宣示社会正义，以争取社会信任，如图3-3所示。

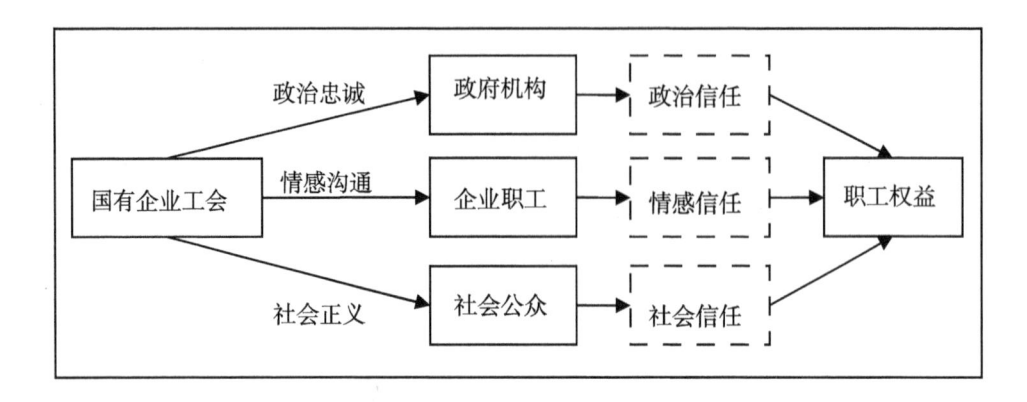

图 3-3 国有企业工会的力量整合机制

国有企业工会的力量整合机制表明,转型期国有企业工会可以通过三种路径,针对三种社会经济主体,争取三种类型信任,从而最大限度地整合各种社会经济资源。当然,这种力量整合机制的外部条件是转型期中国社会的环境变化,转型期国有企业工会应当高度关注三个方面:①劳动关系的市场化转型;②国家治理模式的社会转向;③职工权利意识和理性精神的成长。通过不断增强政府机构、国有企业、国有企业工会、企业职工之间的良性互动,力量整合机制将逐渐形成各方利益主体的制衡机制,从而实现转型期中国劳动关系的协调发展。

第三节 国有企业工会发展路径的政治经济学解释

本书认为,马克思主义政治经济学是我们理解转型期中国国有企业工会发展的重要理论工具。根据马克思主义政治经济学的基本理论,我们重点思考三个问题:①劳动关系的社会经济基础;②转型期中国劳动关系的影响因素;③转型期中国社会的劳动者权利实现路径。

一、劳动关系的社会经济基础

根据马克思主义政治经济学的基本原理:生产力决定生产关系,生产关系反作用于生产力。生产力发展过程必然涉及各种投入要素的权力和地位关系,其中特别是劳动要素与资本要素之间的关系。关于这些问题的思考是我们理解转型期国有企业工会发展的关键，也是我们认识中国社会经济体制转型的重要视角。

（一）资本主义生产关系中的劳动关系

1.资本主义社会的固有特征：资本权力与劳动者权力的对抗

根据发展经济学的基本观点，生产函数中的最重要因素是两个方面：①资本要素数量和劳动要素数量；②资本要素与劳动要素的组合关系。但在发展经济学的分析框架中，资本要素与劳动要素的组合关系仅仅取决于生产技术水平，这就掩盖了它们的社会属性，由此引起一些学者的困惑——资本要素与劳动要素的关系如何？如何确定它们在生产过程中的地位？

根据英国学者理查德·海曼的观点[①]，资本要素与劳动要素都在寻求掌握权力和动员力量，以确保各自利益处于主导地位。他们所采取的策略不可避免地发生接触，从而冲突也是显然结果。本书认为，资本主义社会中的资本权力与劳动者权力是对立统一的：①两者之间的对立关系表明，资本要素与劳动要素之间存在着此消彼长的关系，因此呈现出不同企业组织形态，进而深刻影响着社会结构特征。②两者之间的统一关系表明，资本要素与劳动要素必须结合在一起，才能创造更多社会财富。

2.资本主义社会的劳动关系调整

在资本主义社会的早期发展过程中，资本主义社会生产关系的基本特征是自由放任，即资本家和资本要素处于绝对控制地位，包括劳动要素在内的其他要素只能处于被支配地位。然而，20世纪初频繁爆发的资本主义国家经济危机使得越来越多人进行反思：资本主义社会运行机制存在着什么问题？

马克思主义政治经济学的经典理论曾经认真分析过这个问题。在20世纪初期资本主义社会的历史场景中，所有资本家都试图通过"贱买贵卖"活动来

---

① 理查德·海曼.劳资关系：一种马克思主义的分析框架[M].黑启明，译.北京：中国劳动社会保障出版社，2008.

获取更多社会经济资源，从而努力扩大企业经营规模。但当他们提高产品价格和降低工人工资时，已经悄然埋下了资本主义社会经济危机的导火索。原因在于：①降低工人工资将会使大量劳动者缺乏产品购买能力，这就会造成社会总需求不足。②提高产品价格将会刺激一些生产者的生产动机，使之在利润最大化动机的驱使下增加产量，这就会造成社会总供给过多。③当社会总需求与社会总供给不一致时，资本主义社会经济危机就不可避免地产生。这正是20世纪初期资本主义世界的真实写照。

3. 资本主义社会的法权安排

在资本主义社会发展过程中，虽然一些资本家和政治家试图维护和修补资本主义制度，但资本主义生产关系中的固有矛盾始终存在。即使资本权力对劳动者权力采取适当让步策略，但只要资本权力仍然保持强势地位，那么劳动关系不协调现象就不可能从根本上改变。

事实上，资本主义社会的生产关系始终坚持两项"利益最大化"原则：①无论资本权力对劳动者权力做出何种让步，资本主义社会的核心特征仍然是维护"资本权力"的利益最大化。当劳动者利益与资本家利益发生冲突时，资本主义社会的必然选择是维护资本家利益而牺牲劳动者利益。②如果单个资本家利益与资本家群体的整体利益发生冲突时，资本主义社会的必然选择是牺牲单个资本家利益而维护资本家群体的整体利益。

虽然资本主义法律体系承认"人生而平等"，但市场机制帮助那些拥有更多财富的人占据着更有利位置，他们能够运用更加强大的力量去获取更大的利益。事实上，资本主义社会正在陷入"穷者愈穷，富者愈富"的尴尬境地。当一个社会经济体系陷入这种境地时，各种社会阶层之间将会逐渐隔离，社会结构将会呈现"断裂"特征，这将会极大地制约着社会生产力持续发展和社会财富继续积累。

（二）社会主义初级阶段的劳动关系

1. 社会主义初级阶段劳动关系的基本属性

根据马克思主义政治经济学的基本观点，社会主义初级阶段的主要矛盾是人民日益增长的物质文化需求与落后的社会生产之间的矛盾；社会主义初级阶段的主要任务是提高社会生产力水平。由此可见，社会主义初级阶段的劳动关系具有两重属性：①从提高社会生产力角度来看，劳动要素与资本要素之间的冲突将会长期存在，它们之间的关系将会深刻影响生产过程的控制权和生产成果获得权。②从社会主义的本质特征来看，维护劳动者权力是社会主义生产关系最重要的组成部分；社会主义国家的最终目标是谋求"人的极大自由"，社会主义生产关系的核心内容是提高劳动者的社会地位和经济地位。

2. 社会生产力发展程度与劳动者权力实现方式

根据演化经济学的观点，"制度安排"规定着社会公众行为的底线，而"社会价值观念"则倡导着社会公众行为的最高目标；前者主要依靠"法权安排"来确定，后者代表着社会公众行动方式的演进方向。在真实世界的社会生态系统运行过程中，社会公众行为往往在"行为底线"与"最高目标"之间徘徊。

（1）当社会生产力处于较低阶段时，社会主义初级阶段的基本任务是促进社会生产力发展。特别是在社会公众道德水准参差不齐的现实条件下，政府机构应当通过不断完善法律规则来推动"制度建设"，逐渐明确界定社会公众的行为底线，以保证社会生态体系运行的正常秩序。

（2）当社会生产力达到一定程度之后，劳动就不仅仅是社会公众谋取生活资源的唯一手段，而更可能成为社会公众的兴趣爱好。此时，我们应该继续通过"制度建设"来界定社会公众的行为范围，或者继续通过激励约束机制来引导社会公众的行动方向；更应该强调社会价值观念认同和凝聚社会共识，应该让所有社会公众都愿意自觉为"人自身的全面发展"而努力奋斗。

3. 意识形态、政权基础、国家治理体系

如果说意识形态代表着特定社会形态"希望大家做什么"；那么政权基础

则代表着特定社会形态"能够借助什么力量"。换言之，意识形态代表着社会主流群体的主观愿望，政权基础则代表着实现愿望的客观现实条件，两者结合起来就构成国家主权意识的具体行动策略，其现实组织载体就是国家治理体系。

根据我国的《宪法》规定，转型期中国社会的主导力量应当是以工人阶级为领导，以工农联盟为基础。这意味着转型期中国社会的社会主义国家治理体系必须高度关注工人阶级和工农联盟的整体利益。在转型期中国社会的现实场景中，要求国家治理体系应当重视广大社会公众的普遍利益要求，特别是在允许一部分人先富起来之后，真正谋求全体社会成员的共同富裕。

进而言之，转型期中国社会如何实现由允许一部分人先富起来到共同富裕的顺利过渡？这个问题只能通过不断完善国家治理体系去寻找现实答案。唯有在社会主义国家治理体系的不断完善过程中，不断融入社会公众的实践智慧，才能推动中国社会朝着共产主义理想目标不断发展。

二、转型期中国劳动关系的影响因素

根据中国学者荣兆梓的观点，转型期中国劳动关系受到多方面因素影响。主要表现在三个方面[①]。

（一）影响因素之一：城乡二元经济结构

在1949年中华人民共和国成立初期，中央政府选择了"优先发展重工业"的国家战略。在当时各种资源极度匮乏的条件下，政府机构只能采取各种措施将农业生产剩余不断转移到重工业领域，并实行"城乡隔离"的户籍管理制度，由此逐步形成中国城乡社会经济体系的二元化特征。这种城乡二元经济结构特征使得转型期中国社会的劳动关系矛盾变得更加复杂；城市地区和农村地区形成两个相对独立的地理空间，并且对应着两种不同的劳动力价值评价标准。

城市地区的劳动力价值取决于城市劳动者们的再生产费用，农村地区的劳动力价值则取决于农村劳动者们的再生产费用。显然，农村劳动者的再生产费

---

① 荣兆梓，等．通往和谐之路：当代中国劳资关系研究[M]．北京：中国人民大学出版社，2010．

用低于城市劳动者的再生产费用,这就导致农村地区的劳动力价值低于城市地区的劳动力价值。与此同时,在户籍管理制度的严格限制下,各种劳动者都无法在农村地区与城市地区之间进行自由流动,他们的劳动力价值被固化为农民和工人的特定身份。

随着中国社会经济体制转型和户籍管理制度的逐渐松动,一部分农村剩余劳动力开始涌向城市地区和非农产业领域,由此形成了农民与工人身份的混合体——农民工。当大量农民工进入城市地区之后,城市劳动市场中的劳动供给迅速增加,这就进一步削弱城市工人与资本权力的谈判力量。

(二)影响因素之二:社会消费需求不足

如果我们把今天与1978年中国经济改革开放初期进行对比,所有社会公众都会承认生活条件和生产条件得到了改善。但我们也必须承认,近10年来社会公众创造的社会财富越来越多地被少数资本要素拥有者获取,从而形成资本要素拥有者的"相对富裕",而劳动要素拥有者陷入"相对贫穷"。我们可以理解这种局面的形成原因:①因为资本要素相对于劳动要素更加短缺,所以资本要素能够要求更高"价格",这将会增加资本要素拥有者获得的社会财富份额。②因为资本要素所有者获得的社会财富份额逐渐增加,所以劳动者要素所有者将会逐渐陷入"相对贫穷"。

虽然我们可以理解"相对贫穷"现象,但这并不意味着我们理所当然地接受这种结局。本书认为,在中国社会发展的未来图景中,资本要素的稀缺程度将会逐渐削弱,而劳动要素的重要性将会日益凸显。理由有两点:①随着农民工的进城务工时间越来越多,他们将会逐渐适应城市地区的日常生活,他们的日常生活费用将会逐渐趋同于城市劳动者,这就会使得农民工的劳动力价值逐渐提高。②由于资本要素能够全世界范围内自由流动,所以劳动要素将会成为未来地区经济增长的最重要因素。正是考虑到这种可能性,近年来转型期中国社会的经济发展方式正在逐渐由要素扩张转向创新驱动。

更重要的是,因为劳动者群体逐渐陷入"相对贫穷",所以转型期中国社会将会进入社会总需求相对不足阶段,此时宏观经济形势将会陷入非均衡局面。如果我们不能妥善解决由此带来的各种社会经济问题,就可能引发连锁性的社会经济危机。

(三)影响因素之三:经济增长竞赛中的地方政府行为

一些学者认为,地方政府的"亲商"行为是导致劳动市场力量对比失衡的重要原因。事实上,地方政府的"亲商"行为动机源自地方政府官员的绩效考核体系。在转型期中国社会的现实场景中,上级政府机构对下级政府机构和政府官员的绩效考核指标主要是"地区经济增长速度"。在追求更高地方经济增长速度的目标驱动下,地方政府很可能采取"亲商"行为。当然,这仅仅是一种可能性,要让这种"可能性"转变为"必然性",那就还需要两项必要条件。

一是相对于劳动要素,资本要素的数量更加稀缺。根据发展经济学的基本观点,地区经济增长需要各种要素组合起来,其中最重要的是劳动要素和资本要素。在转型期中国社会场景中,通常是资本要素比劳动要素更加短缺,这就会导致"生产型"地方政府愿意提供更多优厚条件给资本要素。随着资本要素重要性的上升和劳动要素重要性的不断下降,劳动者就会逐渐沦为劳动市场的弱势群体,甚至是整个社会经济体系的弱势群体。

二是相对于劳动要素,资本要素的资产专用性程度更低。随着金融衍生工具的不断创新和中国金融市场的不断发展,资本要素的流动性特征越来越强,资本要素在不同地区之间流动的成本也越来越低。正是由于资本要素更容易"逃走",所以地方政府将会更加重视资本要素。事实上,从地方经济增长的现实需要出发,如果地方政府不愿意见到"资金抽离"现象,就只能更加"亲近"资本要素。

沿着上述推理逻辑,作者进一步思考,如果上述两项必要条件发生变化,那么地方政府的"亲商"行为将会发生转变。我们可以设想,在转型期中国经济发展和地区经济增长的未来图景中,如果劳动要素的专用性程度不断增强,或者专门研究领域和专门技术人才成为地区经济增长的关键因素,那么劳动者的社会地位和经济地位将会逐渐提升。

三、转型期中国社会的劳动者权利实现路径

在中国社会经济体制转型的现实场景中，如何改变劳动者弱势地位和实现劳动者权利呢？这是学界和业界共同关注的重要问题。

（一）政府干预：目前调整劳动关系的最重要手段

1. 政府干预的必要性

虽然很多人强调政府干预可能导致资源错误配置，但本书认为，没有任何社会能够脱离政府干预而独立存在。即使在西方世界高调宣称的"市场经济国家"中，政府力量与市场力量也是并存的。问题的关键不是要不要政府干预，而是政府干预的适当程度是多少。

正如前文所言，在转型期中国社会中的劳动力市场中，如果单纯依靠市场机制作用，那么资本权力将会变得越来越强势，而劳动者权力将会变得越来越弱势。如果没有任何外力干预，中国社会的发展方向有可能偏离；因此，适当政府干预是必要的，它能够保证转型期中国社会的持续健康有序发展。

2. 政府干预的具体策略：适度分权

回顾过去40年的中国经济增长经验，地区经济增长主要源自地方政府分权。如果政府力量介入劳动关系时也借鉴适度分权思路，是否可行呢？各级政府机构不必"直接"介入国有企业的劳动关系之中，转而赋予国有企业工会更多的行动权力和组织行动资源，通过"间接"影响国有企业工会来实现其政策意图。这样做的好处是政府机构避免直接面对劳动关系矛盾，由于国有企业工会的缓冲机制作用，政府机构就能够更加自如地进行各种策略选择。

需要注意的是，为了保证这些国有企业工会的行动能力，政府机构应当提供足够的行政力量支持和财政资源。具体而言，政府机构部门应当依托日益完善的工会组织系统，由省级工会对市级工会和县级工会进行统筹管理和适当分权，高度重视直接面对各种类型劳动者的劳动者集体组织，投入足够的行政力

量支持和财政资源以增强其组织行动能力。

(二) 劳动者权利实现路径的阶段性

马克思主义政治经济学认为,历史上依次更替的一切社会制度都只是人类社会由低级到高级的无穷发展进程中的一些暂时阶段。每一个阶段都是必然的,因此对它发生的时代和条件来说,都有它存在的理由;但是它对自己内部逐渐发展起来的新的、更高的条件来说,它就变成过时的和没有存在的理由了;它不得不让位于更高的阶段,而这个更高的阶段也同样是要走向衰落和灭亡[①]。恩格斯也曾说过,一切社会变迁和政治变革的终极原因,不应当在人们的头脑中,在人们对永恒的真理和正义的日益增进的认识中去寻找,而应当在生产方式和交换方式的变更中去寻找[②]。

由此可见,探讨劳动者权利的实现路径不能依赖于凭空臆想,而必须将之放置在特定社会生产力发展阶段来进行分析。在转型期中国社会的制度演进过程中,我们能够清晰看到社会生产力发展的阶段性特征:①在中国社会主义初级阶段,主要社会矛盾仍然是落后的社会生产与人民群众日益增长的物质文化需求之间的矛盾,国家发展战略的核心命题仍然是经济增长。但随着社会主义国家的意识形态特征不断加强,劳动者权力的社会地位和经济地位正在逐渐上升。②当社会生产力发展到相当程度时,主要社会矛盾转变为人民日益增长的美好生活需要和不平衡不充分的发展之间的矛盾,此时劳动者权利将会引起社会公众的真正重视。

毫无疑问,中国社会生产力发展的阶段性将会直接导致中国劳动者的权利实现路径具有显著阶段性特征。在坚持"维护劳动者权益"的"初心"基础上,国有企业工会应该根据阶段性的社会经济环境变化,适时调整组织行动策略,最终让劳动者们真正享受有尊严的幸福生活。

---

① 马克思. 马克思恩格斯选集 (第4卷) [M]. 北京:人民出版社,1972.
② 马克思. 马克思恩格斯选集 (第3卷) [M]. 北京:人民出版社,1972.

（三）共产主义社会中的劳动者权利

如果说政府干预的必要性和劳动者权利实现路径的阶段性是转型期中国社会的现实要求，那么中国劳动关系的未来图景则着眼于描述共产主义社会中的劳动者权利。本书主要探讨这种未来图景中的三个关键词：个人全面发展、社会平等、自由人的联合体。

1. 个人全面发展

在共产主义社会理想的理论描述场景中，人们从事劳动活动的主要动机逐渐由获取生活资料转变为生活乐趣。本书认为，唯有在这种社会场景中，人们才能真正摆脱物的生产和社会生产力发展的束缚，最终实现人自身的发展。在共产主义社会的理想场景中，人们将不再为生计、理想、职责而进行劳动；人们劳动的基本动机是"我愿意"。这正是人们进行自由选择的美好结果。

马克思主义政治经济学的基本观点认为，在劳动已经不仅仅是谋生的手段，而且成了生活的第一需要之后……社会在自己的旗帜上写上：各尽所能，按需分配[1]！马克思指出，个人的全面发展，只有到了外部世界对工人才能的实际发展所起的作用为个人本身所驾驭的时候，才不再是理想和职责，这也正是共产主义者所向往的[2]。

2. 社会平等

需要强调的是，在前共产主义社会中，社会物质财富尚未达到极大丰富程度，提升社会生产力水平仍然是社会核心命题，因此资本要素与劳动要素的对立关系将会长期存在。当社会物质财富积累已经提高到相当程度之后，资本要素与劳动要素之间的对立关系将会逐渐丧失。从这个意义上来看，我们追求的终极目标并不是劳动者权利超越资本权利，而是实现劳动者权利与资本权利的平等化，最终构建各种社会经济主体都享有平等地位的和谐社会。

---

[1] 马克思. 马克思恩格斯选集（第3卷）[M]. 北京：人民出版社，1972.
[2] 马克思. 马克思恩格斯全集（第3卷）[M]. 北京：人民出版社，1960.

3. 自由人的联合体

马克思在1848年《共产党宣言》中，描述共产主义的社会政治理想：代替那存在着阶级和阶级对立的资产阶级旧社会的，将是这样一个联合体，在那里，每个人的自由发展是一切人的自由发展的条件[①]。由此可见，马克思的社会政治理想是自由人的联合体。自由人的联合体概念包含以下两个关键词。

（1）"自由"意味着人们能够摆脱社会物质条件的客观限制，能够进行真正意义上的自由选择。这就需要三项条件：①通过国家法律制度来排除市场机制的控制力，使"货币权威"不能任意限制个人自由选择意志。②国家法律制度本身不能干涉个人自由选择权利，即"行政权威"不能成为某些人实现个人目标的政治工具。③每个社会经济主体都具备很高文化道德修养，他们能够保证自身的自由选择行为符合共产主义社会价值观念。

（2）"联合"意味着个人自由的实现方式应当是将数量众多的单个社会经济主体联合起来。

综合而言，在马克思主义政治经济学的经典著作中，我们很难找到关于社会主义初级阶段劳动者集体组织的现成论述。但我们借助对国有企业工会的深入分析，能够更好地理解转型期中国工会的发展路径和中国社会经济体制转型过程。沿着这一思路，我们继续追问，如果在中国社会主义市场经济体系的发展过程中出现了新的企业组织和劳动者群体，是否也会相应产生新的劳动者集体组织呢？

---

① 马克思. 马克思恩格斯选集（第1卷）[M]. 北京：人民出版社，1972.

第四章　地缘型劳动者集体组织的重要样本：农民工组织

正如前文所言，行政型劳动者集体组织的组织成员主要是国有企业职工和城市居民，而地缘型劳动者集体组织的组织成员则主要是民营企业劳动者和农村转移人口。如果说行政型劳动者集体组织具有很强行政合法性；那么地缘型劳动者集体组织则具有弱行政合法性和强社会合理性。本书选取农民工组织作为地缘型劳动者集体组织的重要样本。

围绕农民工组织的研究命题，本书主要从两个层面进行分析：①农民工组织响应的社会需求，着重介绍农民工群体的发展过程和权利实现途径。②关于农民工组织的社会学解释，重点解释单个劳动者为什么愿意参加集体组织。

第一节　农民工组织响应的社会需求

农民工组织是中国社会经济转型的重要结果之一，它也是我们考察中国社会经济转型过程的重要依据。本书将从两个层面描述农民工组织响应的社会需求：①中国农民工群体的发展进程，着重阐释农民工组织产生的历史条件和社会环境。②转型期中国农民工群体的权利实现途径和组织需求。

一、中国农民工群体的发展进程

在晚清洋务运动之前，中国社会经济体系的主要内容是农耕经济。作为农业生产的关键要素，农民流动主要发生在不同农村地区之间。随着工业文明进入中国城市，闽粤地区的大量农民纷纷弃农从商或者弃农从工，流动到沿海工业发达地区，这种情况一直持续到民国时期。根据韩福国和骆小俊等人的研究成果，在中华人民共和国成立之后，中国农民工群体的流动过程主要包括四个时期[①]。

（一）第一时期：自由流动与政策限制交替进行（1949—1977年）

1. 第一阶段（1949—1955年）。

自中华人民共和国建立之后，农村地区的社会经济生产力获得极大发展。特别是在1952年中国基本完成土地改革之后，在党中央直接领导下，从1953年开始执行第一个"五年计划"，农业生产领域开始出现大量剩余劳动力。这些农村剩余劳动力逐渐向城市地区迁徙，具体表现在：①随着政府机构倡导的社会主义改造顺利完成，农村地区和城镇地区的大量手工业者纷纷转移到城市地区谋求生存发展机会。②由于政府机构采取优先发展重工业的政策，使得工业领域的劳动用工需求急剧膨胀，再加上城乡之间的生活水平差距影响，导致大量农村剩余劳动力流动到城市地区。

2. 第二阶段（1956—1963年）。

随着城市地区的人口压力逐渐增大，就业、粮食供应、住宅、交通等城市问题日益突出，1956年12月国务院发布通知《关于防止农村人口盲目外流的指示》。自此之后，中国社会逐渐形成"城乡二元社会结构"，农村剩余劳动力流动基本停滞。

3. 第三阶段（1964—1975年）。

1964年中国政府逐步强调轻工业发展，城镇地区的劳动力逐渐增加。为缓解城市地区的就业压力，中央政府积极鼓励"知识青年上山下乡运动"，1967年7月《人民日报》发表文章《坚持知识青年上山下乡的正确方向》，鼓励大量城市年青劳动力流向农村地区。

---

① 韩福国,罗小俊,林荣日,等.新型产业工人与中国工会："义乌工会社会化维权模式"研究[M].上海：上海人民出版社，2008.

4. 第四阶段（1976—1977年）。

1976年，中央政府结束了长期实行的知识青年上山下乡政策，同时大量下乡知青要求返回城市地区。在返城知青群体的强大冲击之下，中国城市地区的人口数量急剧增加。与此同时，原有农村户籍居民仍然受到严格的政策限制，无法自由流动到城市地区。

（二）第二时期：第一次民工潮（1978—1991年）

1979年中国共产党十一届四中全会审议通过《中共中央关于加快农业发展若干问题的决定》，在农村地区实行土地承包责任制，大幅提高了农业劳动生产率，使得传统农业生产领域"挤出"大量农村剩余劳动力。同时，各级政府积极扶持农村加工业，号召大家"离土不离乡"，这就使得乡镇企业迅速发展起来。当劳动供给与劳动需求结合起来时，大量农业剩余劳动力转移到江浙地区和沿海地区的乡镇企业，由此形成第一次民工潮。

根据《中国农村研究报告》的统计资料，1979—1988年，平均每年农村劳动力转移规模超过500万人，年平均增长约10%。每逢春运期间，大量跨地区流动的农民工返乡，形成蔚为壮观的民工潮现象。

1988年，中央政府采取紧缩政策，使得乡镇企业受到严重的政策冲击。同时，由于乡镇企业自身的粗放式经营策略，以及城市工业部门调整的基本完成，使得乡镇企业面临着极大的竞争压力。在这种情况下，第一次民工潮开始逐渐退潮。

（三）第三时期：第二次民工潮（1992—2000年）

1992年，中国社会经济体制转型逐步深化。1992年10月中国共产党十四大明确宣布，中国经济体制的改革目标是建立社会主义市场经济体制。正是由于强调市场机制在资源配置过程中的重要作用，城市地区的民营经济组织逐步发展起来，城市地区和非农产业对农村剩余劳动力的吸纳能力逐渐增强。与此同时，政府机构逐渐放松户籍管理和城市地区劳动市场管制，这就在客观上推动了大量农村剩余劳动力涌向城市地区，由此形成第二次民工潮。

如果说第一次民工潮的目的地是乡镇企业，那么第二次民工潮的目的地则是城市地区。20世纪80年代，当大量农村剩余劳动力刚刚进入城市地区时，这些农民工无法享有城市居民在居住条件、社会保障、子女就读等方面的便利条件。

20世纪90年代，城镇人口调查失业率逐年攀升，特别是在许多国有企业进行改制和破产重组之后，大量国有企业下岗职工的就业问题成为各级地方政府的工作重点。一些城市地区的政府部门为增加本地居民的就业机会，纷纷出台限制农民工进城的各种政策。1994年11月劳动部发布《农村劳动力跨省流动就业管理暂行规定》，严格限制劳动人口的跨省流动。

尽管如此，由农村地区转移到城市地区和非农产业的劳动人口仍然逐年递增，"城乡二元经济结构"逐渐演化形成城市地区内部的"二元劳动市场结构"。在城市地区的"二元劳动市场结构"中，农民工的主要就业范围包括：①第一大行业中的运输业、建筑业。②第二大行业中的副业，它们属于农村居民熟悉的"大农业"范畴。③第三大行业中的服务业。

（四）第四时期：新型产业工人（2001年至今）

2004年的中央一号文件明确肯定进城就业的农民工对城市经济发展的重大贡献，要求各级政府部门应当切实维护农民工群体的合法权利。2005年国家统计局资料显示：①在全国范围的第二产业从业人员中，农民工所占比重为57.6%，其中农民工在加工制造业和建筑业中的所占比重分别为68%和80%。②在全国范围的第三产业从业人员中，农民工所占比重为52%；特别是在建筑、环保、家政、餐饮等行业，农民工所占比重高达90%[①]。

随着大量农村剩余劳动力逐渐融入城市地区的经济发展过程，农民工已经成为城市地区的重要社会群体和城市经济体系的重要组成部分。相关报道表明，农民工已不是原来意义上的农民，他们正在迅速地从农民阶层中分离出来，顽强地融入产业工人阶层，并成为产业工人的主体部分。虽然农民工的"根"还

---

① 刘维佳. 中国农民工问题调查[N]. 学习时报, 2006-01-09.

在农村，但是他们已经脱胎换骨，成长为一个迫切需要社会认可的新兴阶层[1]。

本书认为，大量农村剩余劳动力由农村地区向城市地区和非农产业的转移过程，构成了中国社会经济体制转型的重要组成部分。特别是随着农民工群体与城市社会经济生活的融合度不断增强，"城乡二元经济结构"的制度特征正在被逐渐削弱。从这个角度来看，中国农民工群体的发展过程是我们考察中国社会经济体制转型的重要样本。

二、转型期中国农民工群体的权利实现途径和组织需求

当广大农民工逐渐成为城市经济发展的重要社会群体时，他们必然强烈要求融入城市社会，要求获得与城市居民平等的居住权利、社会保障权利、子女读书权利等。我们将会发现，转型期中国农民工群体正在采取一系列自组织行动，在社会规范和法律规定的许可范围之内，努力争取经济利益和社会权利。

（一）转型期中国农民工群体的权利实现途径

根据中国学者操家齐的观点，转型期中国农民工群体的权利实现途径被称为赋权，其具体含义是使之有能力去争取自身的基本权利[2]。根据权利实现路径的力量来源不同，转型期中国农民工群体的权利实现途径主要包括四种情况。

1. 政府力量赋权

（1）法律赋权。《宪法》规定，凡具有中华人民共和国国籍的人都是中华人民共和国公民，他们在法律面前一律平等。这就明确界定了中国农民工群体的权利基础，它是农民工群体的各项具体权利的根本来源。特别是随着中国社会主义市场经济体制的不断完善，社会公众的权利意识将会逐渐增强，《宪法》赋予的基本权利必然会由"虚置"状态转变为"实然"状态。

（2）行政赋权。各级政府行政机构的态度和行为是影响农民工群体权利地位的重要因素。①从中央政府角度来看，它希望积极促进农民工群体融入城市地区，进而推动城乡统筹发展和构建中国和谐社会。②从输入地的地方政府

---

[1] 佚名.保障农民工利益，各界寻觅善治之策[N].新华每日电讯，2006-03-19.
[2] 操家齐.国家现代化与农民工权利演进[M].杭州：浙江大学出版社，2016.

角度来看，吸纳更多农民工则意味着地方政府的更多责任，并且这将会大幅度增加地方政府财政支出。中国学者蔡禾认为，地方政府行政机构的行为目标主要是地方经济增长和政治稳定，将会遵循"城市中心主义"原则和优先考虑城市居民利益[①]。③从输出地的地方政府角度来看，如果更多农民工外出进行务工，那么这能够给滞留在输出地的家庭成员提供更多生活费用，能够增加输出地居民的各种税赋缴纳能力，有利于输出地政府机构的正常运行。

2.社会力量赋权

（1）市场赋权。随着转型期中国劳动市场的供求关系变化，农民工在城市劳动市场的弱势地位逐渐发生改变，他们的市场谈判能力逐渐增强，这是近年来出现的劳动市场新趋势。特别是在"民工荒"和学界关注"刘易斯拐点"问题的条件下，转型期中国社会的城市劳动市场开始出现有利于农民工的变化趋势。

（2）公众赋权。随着转型期中国社会日益重视公民权利保障和社会和谐问题，一些劳动者集体组织开始借助媒体和社区组织平台，通过公益活动方式，不断强调农民工的合法权益保障问题。事实上，民间组织着眼于挖掘农民工权利保障的具体问题，媒体通过舆论工具来扩大这些具体问题的社会影响，社区则是农民工生活权益实现的社会交流平台。

3.国外力量赋权

国外力量赋权主要指来自国外的经济压力和价值观念使得地方政府和企业重视农民工权利保障，以改善农民工的生产条件和生活环境。具体表现在以下两点。

（1）从经济压力角度来看，随着中国经济对外开放步伐的不断加快，国内外经济体系的融合度不断增强，中国经济体系的外向型特征越来越显著。特别是在大量国外企业和产业资本涌入中国市场的过程中，转型期中国农民工群体所体现出来的优质劳动要素已经越来越引起外国资本兴趣，而农民工群体

---

① 蔡禾.行政赋权与劳动赋权：农民工权利变迁的制度文本分析[J].开放时代,2009(6).

的谈判能力也在不断增强，他们能够提出更多经济利益和社会权利方面的具体要求。

（2）从价值观念角度来看，国外社会各界相当重视产品生产过程中的劳动卫生安全问题，特别是本国品牌在海外生产的生产环境情况。

4. 自组织力量赋权

外因唯有依赖内因才能发挥作用。中国农民工权利的真正维护者是他们自己，唯有中国农民工群体不断增强自身能力和构建真正代表农民工利益的集体组织，中国社会才有可能真正解决农民工赋权问题。

本书认为，农民工问题将会成为转型期中国社会的最重要问题之一，农民工组织将会成为最重要的中国民间公共组织之一。从中国社会的长期稳定发展角度来看，中国政府应当高度重视农民工问题。在继续坚持工会组织管理系统的前提下，各级工会行政管理机构应当逐步将农民工组织吸纳到正式组织的管理体系范围之内。这就要求各级工会行政管理机构既要帮助农民工组织逐步实现正式化，又要注意关心农民工群体的切身利益和权利要求。

（二）转型期中国农民工群体的组织需求

针对中国农民工群体的组织需求，我们必须回答两个问题：①转型期中国农民工群体的集体行动原因，即他们为什么需要组织？②转型期中国农民工群体的集体行动目标，即他们需要组织做什么？

1. 集体行动原因

根据马克思主义政治经济学的经典描述，如果进入城市地区的农民工仍然处于各自分散状态，那么他们就像"一堆零散的马铃薯"；唯有通过特定组织形式，众多农民工才会被整合为"一袋马铃薯"。根据社会学的田野调查资料，进入城市地区的农民工往往面临着"个人与社会"的剧烈冲突，具体表现为：①他们希望摆脱刚刚进入城市地区的局促与不安感，却只能从周围的农民工前辈那里得到安慰；②他们希望获得与城市居民相同的社会权利和经济利益，却不知向何处寻求帮助。

令人欣喜的是，自 2000 年以来各级政府和社会各界越来越关注农民工问题。在 2005 年中央经济工作会议上，中央政府要求各地切实保障农民工群体的合法权益，妥善解决他们在工资待遇、工作环境、社会保障等方面的现实问题。2006 年 2 月颁布《国务院关于解决农民工问题的若干问题》，强调转变政府职能，加强和改善对农民工的公共服务和社会管理，发挥企业、社区和中介组织作用，为农民工生活与劳动创造良好环境和有利条件[①]。

通过中央政府和地方政府的政策引导，依靠企业和社区的积极配合，农民工群体的权益保障状况正在日益改善。但我们也应当清楚意识到，政府、企业、社区都属于外部力量，它们都只能被动地处理农民工面临的各种问题；许多农民工问题只有发展到相当严重程度时，才能够引起社会各界关注和重视。正因此，我们应当着力于培养农民工自己的集体组织，通过农民工组织建设来切实维护农民工的经济利益和基本权利。

需要说明的是，关于农民工群体的大量社会学调查资料表明，转型期中国农民工已经逐渐形成各种"老乡会"组织。当来自外地的许多农民工在面临就业困难、日常交流障碍等问题时，他们往往将"老乡会"视为最重要的依靠力量。本书认为，我们应当承认"老乡会"是现有城市管理体制的结果之一，但"存在"的事情只不过是"有原因"，但未必"正确"。

本书认为，城市管理机构和劳动者集体组织的行政管理部门应当逐步将"老乡会"纳入正式组织管理约束的范围之内。我们应当在坚持正常社会秩序和国家法律法规的前提条件下，以包容态度对待"老乡会"。事实上，随着城市管理体制变革和"市民化"进程的不断深化，一些"老乡会"将会逐渐演变为单纯的"感情联络"纽带，还有一些"老乡会"将会演变为具有"正式组织"特征的劳动者集体组织。

2. 集体行动目标

在中国社会经济体制转型的现实场景中，农民工的集体行动目标是什么

---

① 佚名.国务院关于解决农民工问题的若干意见[N].人民日报，2006-03-27.

第四章
地缘型劳动者集体组织的重要样本：农民工组织

呢？转型期农民工最希望获得的是保障，这是他们加入集体组织的最重要原因。具体表现在以下五点。

（1）工资保障。大量农村居民进入城市地区的主要原因是争取更高经济收益，因此工资保障是农民工关心的最重要问题。在转型期中国社会中，由于企业诚信机制和政府监管机制不完善，工资标准和欠薪问题往往是农民工劳动争议的主要原因。

（2）劳动安全保障。由于各种现实因素，大多数农民工从事的是脏、累、危险行业，他们的基本劳动安全条件很难得到保障。

（3）社会保障。与农民工相关的社会保障主要表现在养老保险和失业保险。在农民工定居城市地区之后，农村土地对他们的社会保障功能逐渐弱化。针对农民工的社会保障问题，各地都曾经出台一系列政策。例如，1998年9月广东省颁布《社会养老保险条例》，允许农民工参加社会养老保险。但就目前情况而言，农民工参加养老保险和失业保险的比例始终不高，甚至一些地区在2005年前后还曾经出现农民工大规模退保情况。

（4）再教育保障。根据2004年劳动和社会保障部的调查资料，在所调查的全部农民工中，文盲占2%，小学文化程度占16%，初中文化程度占65%，高中文化程度占12%，中专及以上文化程度占5%。这表明大多数农民工的受教育水平不是很高，许多农民工在初中或高中毕业后就外出进城务工。虽然近年来一些青年农民工开始重视自身再教育和劳动技能提升问题，但劳动力输出地区和劳动力输入地区都尚未形成专门针对农民工群体的职业技术教育体系。根据2004年劳动和社会保障部的调查资料，在所调查的全部农民工中，接受过技能培训的仅占28%，大多数农民工仍然处于边学边干状态。

（5）公共服务保障。农民工进城务工的一个重要原因是城市地区的良好公共服务体系，能够为居民提供较好的教育机会和个人发展空间。但转型期中国社会的很长一段时期内，各地政府从城市本位角度出发，纷纷要求进城务工者办理外出务工证、计划生育证、城市就业证、上岗培训证、暂住证等一系列资格证件，其意图是保证进城务工者的"有序流动"。本书认为，从地区经济发展的长期稳定发展角度来看，具有普适性公共服务保障和包容性特质的城市地区才能够吸引更多外来优秀人才，使得城市地区人才济济和朝气蓬勃。

综合而言，转型期农民工群体正在或已经自发形成各种形式的农民工组织。这就引起我们的继续思考：转型期农民工组织如何进行集体组织行动？转型期农民工组织的内部运作机制和组织行动有效性如何？单个农民工与农民工组织之间关系如何？转型期农民工组织如何增强个体意愿与集体行动之间的匹配程度？

第二节　关于农民工组织的社会学解释

根据社会学的研究角度，着重思考两个问题：①为什么单个农民工愿意参加农民工组织的集体行动？即由单个劳动者意愿转变为集体行动能力的有效路径。②怎样才能增强农民工组织的集体行动能力？即农民工组织的生成机制和动员机制。

一、劳动者个体意愿与集体行动能力

作者一直在思考，如何将单个农民工意愿凝聚为农民工组织的集体行动？针对这个问题，本书将从三个层面进行剖析：①劳动者个体意愿的具体内容。②劳动者个体意愿的实现方式——劳动者集体组织。③集体组织行动能力的保障条件。

（一）劳动者个体意愿的具体内容

1. 薪酬标准

薪酬标准是最重要的劳动者利益诉求。广大农民工之所以愿意背井离乡到城市来打工，就是希望通过自身努力来获得更多劳动报酬和改善家庭经济条件。由于农民工的主要工作场所是劳动密集型生产线，他们承受着高强度工作负担；基于强烈的"补偿心理"，他们当然会要求获得更高收入补偿。特别是近年来

第四章
地缘型劳动者集体组织的重要样本：农民工组织

城市地区生活费用不断上升，政府也逐渐提高最低工资标准，这就使得农民工对工资上调的期望值不断上升。但一些企业只关注企业生产能力和产量水平，而对农民工的生活环境漠不关心；甚至一些企业采取严格宿舍管理体制和限制员工的正常社会交往活动，这就更容易导致农民工对工厂管理层的仇视情绪。

2.劳动环境和劳动权利

随着越来越多年轻农民工加入劳动者队伍，劳动者们的利益诉求也在逐渐发生转变，他们在继续坚持提高薪酬标准的基础上，开始重视劳动环境和劳动权利。对年轻农民工而言，农村地区的生活场景是熟悉而陌生的，这就使得他们与父辈具有明显不同的利益诉求。熟悉意味着老一代农民工的生产经历和生活经历具有代际传承影响；陌生则意味着年轻农民工与老一辈农民工的生活场景和生产环境具有显著差异。

正因为如此，老一代农民工更关注工资收益和改善农民地区家人生活条件，因为这是他们到城市地区打工的初衷。年轻农民工则除了经济收益之外，还会关注劳动者权利和公民基本权利。更重要的是，年轻农民工之间的交流方式已经不再是传统的"面对面"交谈和聚餐，而是短信、微信、微博、网络平台等现代传媒方式；曾经的城市生活经历也使得他们拥有更加开阔的眼界，因此他们将会提出更多的劳动者权益诉求。

（二）劳动者个体意愿的实现方式：劳动者集体组织

通过什么方式来提高薪酬水平和改善劳动条件？这是每个农民工在维护自身权益时都曾经反复斟酌的重要问题。大多数农民工总会根据以往的维权经历，对各种权利实现途径进行比较，从中挑选出风险最小的维权选项。现实社会环境提供给他们的只有以下三种维权路径。

1.企业内部申诉途径

一些农民工曾经试图通过企业内部申诉来提出劳动环境和工资方面的意见。然而他们常常被许多老工人以亲身经历劝阻，如果他们直接向主管部门和基层管理者提出劳动环境和工资方面的要求，他们的申诉意见很可能被直接驳回，或者被告知需要等待。在漫长的等待时间中，来自基层管理者和其他同事的排斥眼光使得他们逐渐明白，在企业管理者没有改变根本态度的条件下，企业内部申述途径是很难改善自己处境的。

2. 法律诉讼途径

在转型期中国社会的真实场景中，法律诉讼途径不是农民工维权的惯用途径。其原因有三点：①基于农村社会关系的观念影响，许多农民工不喜欢动辄打官司。②农民工通常不熟悉法律条文，他们也不愿支付高额费用给律师。③讨要薪水过程需要付出大量时间和精力成本，他们往往在获得微薄补偿之后就放弃讨要薪水的合理诉求。

3. 集体行动途径

通过劳动者集体组织的行动来对抗资本力量的经济强势地位，这是转型期许多中国农民工正在运用的常见维权方式。越来越多的农民工意识到，唯有采取劳动者组织的集体行动，他们才能及时有效地维护自身合法权益。需要强调的是，劳动者集体组织的集体行动必须牢牢限制在法律允许范围之内，这样才能得到政府公权力的必要支持。

（三）集体组织行动能力的保障条件

1. 地缘关系和亲缘关系

对老一辈农民工而言，来自农村地区的生活经历和生产经历具有重要影响。他们将会很自然地将农村地区的社会关系网络"移植"到城市地区，他们的社会关系网络将会以地缘关系和亲缘关系为核心，以求抱团取暖。

根据社会学调查的大量研究资料，许多农民工在城市地区遇到求职、伤病等重要问题时，他们的主要求助对象往往是老乡和亲戚；在日常生产生活中，同乡或同族的农民工通常也会在邻近地方居住。一些农民工甚至认为，只要他们能够向"老乡会"缴纳固定"费用"，就不必担心被城市居民或者其他地区的农民工"欺负"。本书认为，对城市地区的社会稳定而言，"老乡会"具有以下两点双重影响。

（1）从正面影响来看，"老乡会"能够降低农民工进入城市地区的"社会沟通成本"。原因在于：①借助语言和生活习惯方面的相似性，"老乡会"将会消除农民工刚刚进入城市地区的恐惧心理和"不习惯"。②如果农民工的生活圈子局限在"老乡"范围，那么他们与城市居民的接触机会就会减少，相应的冲突可能性也会减少。

（2）从负面影响来看，①当"老乡会"收取"费用"之后，它往往易采取非法手段为同乡们"出头扛事"，或者试图解决无法通过调解、仲裁、正常法律途径解决的各种问题。②即使"老乡会"不收取"费用"，它仍然可能造成城市地区的社会秩序不稳定和社会治安状况恶化。

本书认为，从社会学角度来看，"老乡会"的最重要弊端是导致城市居民群体和农民工群体的"身份固化"。其结果是降低这两大群体之间进行相互融合的可能性，由于"城市居民的二元化结构"，它将会使得城乡居民被划分为"城市原住民"和"农民工"。

那么城市地区是否应该取缔"老乡会"呢？本书的基本观点是："老乡会"的产生基础是农民工，而广大农民工的存在原因则是城市地区经济发展的客观需求，这是其"社会合理性"的表现之一。因此，我们不能简单粗暴地取缔"老乡会"，而应当对之进行有效疏导；否则可能会激化城市地区的社会冲突，引起农民工群体与城市原住民之间的矛盾升级。

正是基于这种考虑，本书强调的疏导方式包括两方面：①从农民工组织本身来看，在继续改革现有社会组织登记管理制度的过程中，我们不能简单地将"老乡会"拒之门外，而应当在坚持正常法制秩序的前提下对"老乡会"采取包容态度。②从农民工组织发展的外部环境条件来看，随着转型期中国社会的市民化进程不断深化，本地居民与外来务工人员将会被逐步纳入统一的全国社会保障体系，外地务工人员也将会逐渐融入所在城市的居民群体，"老乡会"的帮扶功能也就必然会逐渐弱化。我们可以设想，一些"老乡会"将会逐渐演变为一种单纯的感情联络组织，它将会更加关注中国传统农业文明与城市文明的有机融合，并且逐渐成为传承中国传统价值观念的重要力量。

2.整合各种社会力量

农民工需要充分调动各种社会力量，如新闻媒体的舆论支持、社会公众的道义声援、NGO组织（非政府组织）的参谋策划、法律专家的智力支持。通过借用各种社会力量，农民工组织的社会影响力才会不断增强，从而逐渐提高农民工群体在劳动谈判中的地位。

二、农民工组织的生成机制和动员机制

以"农民工组织"自身为边界进行向前延伸和向后延伸，我们引申出两个问题：①向前延伸需要解释农民工组织的产生原因，即生成机制。②向后延伸需要解释农民工组织的活动开展能力，即动员机制。

（一）生成机制：身份认同

根据社会学的基本观点，数量众多的单个农民工聚集在一起的主要原因是人以群分，即身份认同是农民工组织产生的初始动机。调查资料显示，农民工群体的身份认同来源主要包括以下三方面。

1.口头称谓

在社会学的研究视野中，口头称谓是特定社会群体的身份标志，对自己的口头称谓意味着特定社会群体对自身的身份标签认同。无论这种外在标签是否符合这个特定社会群体的本身愿望，只要接受这种口头称谓，就意味着接受其他社会公众对自己的身份界定。

根据中国学者李静君的田野调查[①]，2003年以前的农村进城务工人员习惯自称为民工、农民工、打工仔或打工妹。他们认为，只有国有企事业单位的正式员工才应该自称为工人或者工人阶级。当他们的言谈举止中接受农民工称谓时，这种身份标签就已经固化在他们的工作方式和生活习惯之中，使得他们下

---

① Lee, Ching Kwan. Against the Law: Labor Protests in China's Rustbelt and Sunbelt [M]. Berkeley, CA: University of California Press. 2007.

意识地保持着与城市原住民的距离，并且承认他们与城市原住民之间的差异，同时也使得他们不断增强对农民工群体的认同感。

值得强调的是，随着越来越多年轻农民工进入工厂生产活动，企业员工对自己的口头称谓也逐渐变化。他们更喜欢相互称呼工人或者员工，这意味着他们身上的"农村"色彩逐渐淡化，取而代之是他们对城市生活的逐步接受和向往。

2. 生活记忆

特定生活环境能够赋予人们共同的生活记忆。在进城务工之前，老一辈农民工都拥有农村生活的深刻记忆。在他们的日常交谈中，种田、插秧、婚丧嫁娶、走亲戚都是一些经常性话题。农村地区的共同生活经历使得老一辈农民工在进入城市地区之后，更倾向于跟老乡或亲戚待在一起。对老一辈农民工而言，城市地区只是一个打工挣钱的地方，农村地区才是他们的最终精神家园。每到农忙季节，老一辈农民工还是急切地想要赶回老家，帮助家人种地；每到春节期间，老一辈农民工还是想要回到农村地区，以享受家庭生活的温暖。正因此，老一辈农民工只要能够获得更高收入报酬，他们就可以通过农村地区的生活记忆来缓解城市地区的生活压力和焦虑。

相对而言，年轻农民工却没有多少农村生活记忆。如果说老一辈农民工的人际关系主要是"老乡—同事"，那么年轻农民工的人际关系则主要是"同学—同事"。大量社会学调查资料表明，大多数年轻农民工都是从学校毕业后直接进入工厂劳动；他们的主要生活记忆在校园内，他们的生活圈子主要在同学和朋友之间。在工作之余的闲暇时间，年轻农民工更喜欢与同学联系，与朋友一起玩耍；年轻农民工的共同记忆往往是校园生活，或者一起"游戏闯关"的兴奋和乐趣。

3. 利益诉求目标

对比考察无组织的原子化行动与整合社会力量的组织化行动，我们不难发现，其具有显著差异：唯有对同类型劳动者的利益诉求进行有效整合，才能提炼出劳动者集体组织的集体行动目标和劳动者群体的共同利益诉求目标。

例如，对老一辈农民工而言，他们进城务工的主要目标是增加收入，以改善家庭经济状况。正因为如此，他们对于工资收入之外的其他事情通常抱有无所谓的态度，如对于工厂要求的高强度工作任务，他们能够忍受。甚而言之，由于更高工作强度和更多加班时间意味着更高的工资收入，所以一些老一辈农民工甚至把大量加班视为一种"好机会"。

再如，对年轻农民工而言，由于受教育背景和生活记忆的差异，他们有着不同于父辈的利益诉求和目标。他们不仅关心工资收益，还关心劳动条件、组建工会等劳动权利。

当然，我们不能据此认为年轻农民工比老一辈农民工更加聪明。其实，新老两代农民工都通过"精心算计"来争取农民工的共同利益最大化和农民工组织的集体行动目标，但他们拥有的"信息基础"不同。毫无疑问，校园生活和城市生活扩展了年轻农民工的"信息基础"，这就使得他们能够获得劳动权益保护方面的更多知识；同时，年轻农民工比父辈更缺少"精神家园"的眷念之情，也更容易把自己看作游走在工厂之间的"浮萍"。这就使得年轻农民工的"信息基础"受到更少限制，并且更适合转型期中国社会的现实场景。

（二）动员机制：实用主义团结文化

1. 实用主义团结文化的内涵

根据汪建华的观点，农民工组织普遍信奉实用主义的团结文化[①]。实用主义团结文化的基本内涵包括以下两方面。

（1）农民工组织的集体利益诉求不是抽象地挑战全球资本体系，而是权宜性地选择具体行动目标。对农民工组织而言，抽象的全球资本体系和行政体制是过于宏大的话语概念，它们仅仅希望在现有社会规则和国家法律允许范围内，努力争取更多的经济利益和劳动者权利。虽然这些具体行动目标可能没有显得"高大上"，但这些诉求恰恰是农民工急切盼望解决的现实问题。

---

① 汪建华.生活的政治：世界工厂劳资关系转型的新视角[M].北京：社会科学文献出版社，2015.

（2）农民工组织的行动资源主要来自政府机构，但它们也在努力试图尝试调用更多其他社会经济资源。在"法无禁止即可行"的原则指导下，它们充分利用各种非正式关系网络，熟练运用短信、微博、微信、网络论坛等现代信息工具，以求更大限度地调动各种社会经济资源来实现集体行动目标。

需要强调的是，农民工组织的这种实用主义团结文化要在现有法律和市场规则的允许范围之内。它们仅仅是充分运用劳动者权益保护条款，争取实现劳动者集体行动目标。因此，我们无须担心转型期中国社会将会逐渐形成"新工人阶级"，更不用担心"新工人阶级"将会引起转型期中国社会的动荡局面。

2.实用主义团结文化的具体策略

农民工组织的传统劳动者维权途径是守法抗争，而近年来一些农民工组织已经尝试运用实用主义团结文化的具体策略来指导集体组织行动。为了更好地理解实用主义团结文化的具体策略，本书对农民工组织以下两种具体行动策略进行比较。

（1）抗争途径方面。①守法抗争强调正式规则的重要性，要求农民工严格遵守法律规定和企业内部行政规定。农民工应当逐级向上提出劳动利益申诉请求，然后耐心等待上级部门答复。②实用主义团结文化强调，劳动者集体组织应当综合运用正式规则和非正式规则，在法律允许范围之内与雇主力量进行协商，积极主动采取各种方式来争取自身利益。简而言之，在抗争途径方面，守法抗争与实用主义团结文化的主要差异，一是前者是单向路径，后者是双向路径。二是前者是命令式，后者是协商式。

（2）抗争目标方面。①守法抗争强调维护劳动者的法定权利，特别是《劳动法》规定的最低工资标准。②实用主义团结文化则不局限于最低工资标准，还考虑劳动者在企业利润增加前提下提出"增长型"诉求。特别是随着企业发展情况和外部社会经济环境的变化，劳动者要求建立与之相适应的工资增长议价机制。

第五章　行业型劳动者集体组织的重要样本：律师协会

行业型劳动者集体组织的成员往往来自特定行业，他们通常具有较高专业技术素质和职业道德。例如，律师协会、会计师协会、医师协会、教师协会、建筑师协会等。这些组织成员中的佼佼者往往成为该集体组织的"代言人"，如律师协会中的律师往往具有双重身份：①如果一名律师仅仅是律师事务所的普通职员，那么他是劳动市场中的劳动者，并且靠专业技术服务来换取相应劳动报酬。②如果一名律师发展成为律师事务所的合伙人，那么其身份就会转变为律师事务所的老板，他主要依靠资本要素而获得律师事务所的经营收益。

针对劳动者集体组织的研究命题，本书选取律师协会作为重要样本，并且主要强调"律师"的第一种身份特征，即普通律师或劳动者角色。本章内容主要包括三部分：①中国律师制度和律师协会的历史演进。②普通律师之间的博弈关系，主要讨论单个律师"是否愿意加入律师协会"和"是否愿意积极参与律师协会活动"。③普通律师与律师事务所之间的博弈关系，主要强调激励机制和约束机制。

第一节　中国律师制度和律师协会的历史演进

本节内容将从三个层面展开：①律师制度的产生和发展，包括西方国家的律师制度和近代中国的律师制度。②中华人民共和国成立后的律师制度。③转型期中国律师管理体制改革和律师协会发展。

一、律师制度的产生和发展

律师协会的主要组织成员是律师。从字面上看,"律师"的定义包括两个层面:①在广义层面,"律"意指"法律","师"意指"专业人员",所以"律师"就是法律专业人员。②在狭义层面,现行《中华人民共和国律师法》规定律师是依法取得律师执业证书,接受委托或指定,为当事人提供法律服务的执业人员。

(一)西方国家的律师制度

1. 古罗马时期的律师制度

西方国家律师制度可以追溯到公元前 3 世纪古罗马的"辩护士"。在后来颁布的古罗马《十二铜表法》中,则大量记载了"辩护士"为诉讼代理人进行法庭辩论的案件情况。

现代律师制度的起源是古罗马共和国时期的保护人制度。保护人制度规定,法律专业人士可以作为保护人的亲属、朋友陪同被保护人出席法庭,在法庭审理时提供意见和帮助[①]。公元 3 世纪罗马皇帝发布诏令承认诉讼代理制度,并且通过考试来选拔知法善辩的"辩护士",由此正式确立律师制度。

根据古罗马法的规定,公民取得律师资格的条件相当严格。他们不仅要具有法律规定的完全行为能力,而且要具备丰富法律知识和辩论口才。由于律师身份受到国家法令的严格保护和监督,所以律师们逐渐形成特殊的社会利益集团,即律师团体。

2. 西欧封建时期的律师制度

自公元 5 世纪西罗马帝国灭亡之后,欧洲进入封建社会时期。由于封建专制和宗教控制的需要,法庭诉讼形式逐渐由辩论式转变为纠问式,古罗马时期的律师制度也逐渐丧失社会需要。

虽然辩论式的律师制度实质上被废弃,但"律师"形式则被西欧封建社会保留下来,具有律师资格的只有僧侣阶层。直至 13 世纪末,法国国王宣布僧侣

---

① 陈卫东. 中国律师学[M]. 北京:中国人民大学出版社,2008.

被禁止担任世俗法院的辩护律师。随后英国也禁止僧侣在世俗法院从事律师业务,继而允许具备专门法律知识的专业人士担任世俗法院的律师。

为了培养法律专业人士,15世纪中期英国建立著名的四大律师学院:格雷律师学院、林肯律师学院、内殿律师学院、中殿律师学院。与此同时,英国世俗律师开始被分为出庭律师和事务律师,由此形成延续至今的英国律师等级制度。

3. 资本主义时期的律师制度

17世纪初期,资本主义经济成分迅速发展壮大,资产阶级与封建专制阶级之间的利益冲突越来越尖锐,其主要表现就是宗教特权与法律制度之间的冲突。在这种历史场景中,一大批资产阶级思想家及其著作涌现出来。例如,洛克的《政府论》和孟德斯鸠的《论法的精神》风靡一时,以及伏尔泰、狄德罗等人提出"天赋人权",主张建立资本主义的政治制度和法律制度。

在17世纪中期英国爆发资产阶级革命之后,欧美国家的国家政权相继被资产阶级控制,近现代律师制度被逐渐建立起来。例如,1679年英国《人身保护法》规定,诉讼过程应当采取辩论原则,被告人有权获得辩护;1791年美国《宪法修正案》规定,被告人享有受法庭律师辩护协助的权利;1808年法国《刑事诉讼法典》则详细规定了律师制度;1878年德国《国家律师法》奠定了现代德国律师制度基础。

(二)近代中国的律师制度

在古代中国的文化传统中,西周政权确立"明德慎罚"的政治法律思想和礼刑结合的法律制度。直至汉朝初期的"罢黜百家、独尊儒术"之后,儒法合流后形成了"新儒学",并逐渐成为国家统治的重要手段。这种重要手段的主要特征是:以"礼"和"道德"为主,以"法"和"刑"为辅。在这种社会历史场景中,自然无法建立单纯强调公民法律权利的律师制度。即使中国古代社会存在着"讼师"等人,其身份也不是精于法律知识的专业人士,而仅仅是代人书写诉状;再加上当时的"讼师"常常挑唆诉讼,其社会形象实在不雅,他们被世人称之为"讼棍"。正如《尚书》中所言，"刑期于无刑"。在古代中国的文化传统中，理想社会状态是"无刑"，当然就无法建立起律师制度。近代中国的律师制度主要从国外进行"移植"，并依据中国社会的历史现实进行不断调整。

1. 清朝末期的律师制度

1840年鸦片战争之后，西方势力借助领事裁判权和会审公廨干预中国法庭事务，逐步将现代法律制度引入中国。最早出现在中国法庭上的"律师"并不是中国人，而是依据领事裁判权并为外国在华侨民提供法律服务的外国律师。

在沈家本等人的强烈建议下，1902年清朝政府设立修订法律馆，并逐步变法改制。1906年由沈家本、伍廷芳等人修订的《大清刑事民事诉讼法》（草案）基本完成；但这个法典遭到各省督抚的一致反对，未能颁布实施。1911年修订法律馆重新编成《刑事诉讼法》和《民事诉讼法》，结果尚未审核颁布，清王朝就被推翻。虽然清王朝设立的修订法律馆的具体工作仅在文字层面申明建立中国律师制度的重要意义，但它为民国时期的律师制度建立进行了必要铺垫。

2. 南京临时政府时期的律师制度

1911年辛亥革命推翻清朝政权之后，资产阶级革命派着手建立民主共和政体性质的国家政治制度，并建立新型法律制度体系和律师辩护制度。由于南京临时政府的存在时间较短，它仍然沿用清朝末期的《刑事诉讼法》和《民事诉讼法》。该时期律师制度发展的重要特征主要表现在司法实践方面：① 1912年1月上海出现了我国历史上第一个律师行业组织——上海律师公会。此后，各地律师公会相继成立。②司法部是南京临时政府的中央行政部门体系之重要部门，其基本职能是律师事务管理等。

3. 北洋政府时期的律师制度

1912年，袁世凯就任中华民国临时大总统，并将临时政府由南京迁到北京，由此开启了北洋政府时期。在继承清朝法统的基础上，1912年北洋政府颁布《律师暂行章程》，这是中国历史上第一个律师单行法规，它标志着中国律师制度的正式确立。1912年的《律师暂行章程》具有两点重要特征：①以登录、惩戒为核心事务，并设立司法机关和律师行业团体的双重管理机制。②以欧洲大陆和日本律师制度为蓝本，逐步建立具有大陆法系传统的中国律师制度。

4. 南京国民政府时期的律师制度

1927年7月，南京国民政府制定《律师章程》，以替代北洋政府时期的《律师暂行章程》。1935年南京国民政府开始起草《律师法》，并于1941年1月正式颁布，由此现代中国律师制度逐渐定型。1941年《律师法》继续强化司法机关和律师行业组织的双重管理机制；但由于检核制度、律师业务等方面的管理规定增多，所以律师协会的自治权利反倒被减弱。

在司法实践方面，该时期主要内容有：①1928年由各地律师公会发起，中华民国律师协会正式成立；并于1929年5月在南京召开成立大会，此后每年召开一次会员大会。②1948年中华民国律师公会全国联合会正式成立，并于同年9月9日召开第一届代表大会。这一天也被设立为中华民国"律师节"。

5. 新民主主义革命时期革命根据地的律师制度

早在第二次国内革命战争时期，各个革命根据地就在人民司法制度中初步建立辩护制度。然而，由于战争环境的限制，各革命根据地的法庭审判过程中，尚未设置专门律师。在司法实践过程中，针对普通民众的法律知识帮助主要表现在两方面：①由近亲属或单位进行代理法律活动；②咨询各级人民法院设立的法律顾问处，免费获得相关法律问题解答。

二、中华人民共和国成立后的律师制度

根据中国学者姜海涛的观点[①]，中华人民共和国的律师制度大致分为两个时期：①中华人民共和国成立初期的律师制度；②改革开放后的律师制度。

---

① 姜海涛. 深化律师制度改革研究[M]. 北京：法律出版社，2017.

（一）第一时期：中华人民共和国成立初期的律师制度（1949—1977年）

1949—1957年，中华人民共和国的律师制度初步建立。1949年9月通过的《中国人民政治协商会议共同纲领》规定，重新建立人民司法制度。1950年7月政务院颁布《人民法庭组织通则》，正式提出辩护制度问题。同年7月中央司法部提交议案《京、津、沪三市辩护人制度试行办法》（草案），具体说明律师的类别和职责范围。

1950年12月，政务院颁布《关于取缔黑律师及讼棍事件的通报》。同时，中华人民共和国着手重新建立律师制度。一些大城市（如上海）成立公设辩护人室，重点帮助一些刑事被告人进行辩护。

1954年7月司法部颁布《关于试验法院组织制度中几个问题的通知》，要求在北京、上海、天津、重庆、武汉、沈阳等地设立法律顾问处，尝试开展律师工作。1954年9月20日第一届全国人民代表大会第一次会议通过《中华人民共和国宪法》，明确规定被告人有权获得辩护；同年9月21日通过《中华人民共和国人民法院组织法》（以下简称《人民法院组织法》），强调律师参与诉讼的地位和身份，正式确立中华人民共和国的律师制度。

1956年5月政务院通过司法部《关于建立律师工作的请示报告》。1956年5月颁布《律师收费暂行办法》。1957年上半年《律师暂行条例》（草案）脱稿，经同年7月的第二次全国律师工作座谈会讨论，提交政务院批准颁布。

截至1957年6月，全国范围内共有817个律师顾问处，2582名专职律师，503名兼职律师。与此同时，人口数量为30万以上的城市和中级人民法院所在地的县都设有法律顾问处，并且有14个省、市、自治区开始筹建律师协会。1958—1977年，中华人民共和国的律师制度处于空白阶段。

（二）第二时期：改革开放后的律师制度（1978年至今）

1978年12月召开中国共产党十一届三中全会，国家工作重点转移到经济建设，这就为中国律师制度发展奠定了良好的经济基础和社会基础。这一时期主要包括以下两个阶段。

1. 第一阶段：以《律师暂行条例》为核心内容的中国律师制度重建（1978—1995年）

（1）自1978年中国共产党十一届三中全会之后，中国社会经济建设迅速发展，这就使社会主义法治建设成为重要改革议题，其主要内容之一就是重建中国律师制度。1978年3月第五届全国人民代表大会第一次会议通过《中华人民共和国宪法》序言，恢复刑事辩护制度。1979年第五届全国人民代表大会第二次会议通过《刑事诉讼法》和《中华人民共和国人民法院组织法》，系统地规定了律师参与辩护活动的权利责任范围和工作原则。

（2）1980年8月26日第五届全国人大常委会第十五次会议通过《中华人民共和国律师暂行条例》（以下简称《律师暂行条例》），这标志着中国律师制度的重新建立。该条例主要内容包括4章21条，详细阐明中国律师的性质和任务、律师权利和义务、律师资格等一系列问题。根据《律师暂行条例》，该时期中国律师制度具有三项主要特征：①律师的性质是国家法律工作者而不是自由职业者。律师的基本职责是履行公职和维护社会主义法制。②法律顾问处（后改称律师事务所）是律师执行职务的工作机构，它是由国家司法行政机构组织领导和进行业务监督的事业单位。③律师协会的组织功能是维护律师合法权益、交流工作经验、增进国内外法律工作者之间的联系。

（3）在《律师暂行条例》的影响下，中国律师队伍迅速发展壮大。1985年，中央书记处第221次会议同意成立中华全国律师协会。1986年7月召开第一届全国律师代表大会。同年，司法部举行第一次全国律师资格考试。1987年，中华全国律师协会（以下简称全国律协）正式加入亚洲太平洋律师协会。

（4）1983年，中华人民共和国第一家律师事务所在深圳成立。同年5月，全国第一家合作制律师事务所在河北省保定市成立。1988年，司法部颁布《合作制律师事务所试点方案》。1993年，国务院批准《司法部关于深化律师工作改革的方案》，强调不再以生产资料所有制的性质和行政级别的属性来界定律师及律师所的性质，而是积极发展由主管机构进行资格认定、不占国家编制和经费、自律性质的律师事务所。1995年7月，第三次全国律师代表大会通过《中华全国律师协会章程》（修正案）。

2.第二阶段：以《律师法》为核心内容的中国律师制度完善（1996年至今）

（1）随着中国社会经济体制改革的不断深入，涉外法律事务日益增多，原有的《律师暂行条例》已经日益显示更多局限性。1996年5月第八届全国人民代表大会常务委员会第十九次会议通过《中华人民共和国律师法》（以下简称《律师法》）。这是中华人民共和国律师制度发展的重要里程碑。

（2）根据《律师法》的具体规定，社会主义市场经济条件下的中国律师制度主要具有八项特征：①重新界定律师的性质，律师不再是《律师暂行条例》界定的国家法律工作者，而是为社会提供法律服务的执业人员。②重新确立律师资格取得制度，规定严格的全国统一司法考试制度。③拓宽律师执业机构模式，除国资律师事务所之外，承认合作制律师事务所和合伙制律师事务所的法律地位。④拓展律师业务范围，与《律师暂行条例》相比，《律师法》规定的律师业务范围涵盖诉讼和非诉讼的广泛领域。⑤明确界定律师权利和律师义务，将律师权利分为法定权利和继受权利，将律师义务分为应当的作为和不应当的作为。⑥确立中国律师管理体制改革的基本方向，即应当由司法行政机构主导的行业管理体制逐步转变为司法行政机关与律师协会相结合，最终形成司法行政机构进行宏观指导和律师行业协会进行微观管理的律师管理体制。⑦允许外国律师事务所在华设立办事机构，以应对日益增多的国际投资和国际贸易事务。⑧建立法律援助制度。

（3）在1996年《律师法》颁布之后，为适应不断变化的社会经济环境，全国人大常委会又对《律师法》进行三次重大修订，其修订时间分别为2001年、2007年、2012年。毫无疑问，《律师法》的颁布和修订推动依法治国战略的逐步展开，同时推动中国律师制度的制度化进程，以保证中国社会主义市场经济体系的健康有序发展。

（4）2002年年初的第一次全国统一司法考试要求律师、法官、检察官都具有统一的学历条件和知识背景，从而有效提高中国法律工作者的整体业务水平。此后，中国律师从业规模迅速扩大。截至2016年年底，全国律师事务所数量达到2.6万余家。

需要强调的是，中国律师制度变革的步伐尚未停止。主要内容包括：① 2014年10月，中国共产党十八届四中全会通过《中共中央关于全面推进依法治国若干重大问题的决定》，逐步将律师工作纳入全面推进依法治国的国家战略体系。② 2016年，中共中央办公厅、国务院办公厅印发《关于深化律师制度改革的意见》，并对深化中国律师制度改革进行全面部署。

三、转型期中国律师管理体制改革和律师协会发展

转型期中国社会经济体系的变化推动着律师制度变革，律师制度变革又迫使中国律师管理体制不断改革。根据中国学者姜海涛的观点，中国律师管理体制改革的基本方向是：由司法行政机构主导的单一管理体制逐步转变为司法行政机构与律师协会相结合的律师管理体制，最终转变形成司法行政机构进行宏观指导和律师协会进行微观管理的理想局面[①]。简而言之，中国律师管理体制改革的重要内容是重塑中国律师协会的组织结构和管理职能部门体系。这就引出两个新问题：①转型期中国律师管理体制改革的现实背景是什么？②转型期中国律师协会改革有哪些路径选择？

（一）转型时期的中国律师管理体制改革

1. 转型期中国律师管理体制改革的政策背景

（1）自1996年《律师法》颁布之后，司法部就不断完善中国律师管理体制，陆续颁布《律师执业管理办法》《律师事务所管理办法》《中华全国律师协会律师执业行为规范》（以下简称《律师执业行为规范》）等。继2007年修订《律师法》之后，2016年9月司法部又重新修订《律师执业管理办法》和《律师事

---

① 姜海涛. 深化律师制度改革研究[M]. 北京：法律出版社，2017.

务所管理办法》，进一步明确律师执业的基本行为准则。

（2）2016年司法部颁布《关于进一步加强律师协会建设的意见》；2017年第九届全国律协常务理事会第二次会议通过《律师执业行为规范修正案》《律师协会会员违规行为处分规则（试行）》等；2017年，司法部发布《司法部关于加强律师违法违规行为投诉处理工作的通知》《关于成立律师惩戒委员会的方案》。通过颁布一系列政策文件和法律法规，转型期中国社会逐渐形成中国特色的律师管理体制。

2. 司法行政机构的绝对主导地位和律师协会的辅助管理地位

针对目前中国律师管理体制的现实情况，转型期中国律师管理体制改革的基本思路是逐步实现律师协会与司法机构之间的关系重构：①第一次两者关系重构是由司法机构主导逐渐转变为司法机构与律师协会相结合。②第二次两者关系重构是由司法机构与律师协会相结合进一步明晰并转变为司法机构的宏观指导和律师协会的微观管理。根据目前中国律师管理制度改革的现实状况来看，它正处在第一次关系重构过程之中。

毫无疑问，在中国社会经济体制转型的整体框架中，中国律师协会的重要功能正在逐渐凸显，律师们要求进行"自我管理"的声音也越来越强烈。在中国社会经济体制转型的宏大背景中，政府机构的权力正在被逐渐削弱，各种社会力量纷纷要求强化自我管理机制和外部监督机制。由此可见，转型期中国律师管理体制变革正好构成我们考察中国社会经济制度变迁的绝佳样本，其现实特征主要表现在以下两方面。

（1）国家司法机构的绝对主导地位。根据《律师法》的宏观思路，"两结合"格局曾经是中国律师管理体制的理想模式，但在转型期中国社会的现实场景中，国家司法机构仍然占据着司法活动中的绝对主导地位。主要表现在：①律师管理权限方面，国家司法机构应当依法对律师、律师事务所、律师协会进行监督和指导。②律师法律责任方面，国家司法机构应当对某些律师的违规行为进行惩戒，其惩戒权具有排他性和垄断性。③律师资格授予方面，国家司法机构应当负责组织国家统一司法考试，唯有考试通过者方能取得律师资格。④律师的法律援助和收费行为方面，国家司法机构应当制定相关规则，并报国务院批准。

（2）律师协会的辅助管理地位。1999年4月，第四次全国律师代表大会通过《中华全国律师协会章程》。根据2007年《律师法》规定，律师必须加入律师协会，并严格遵守协会章程和服从管理；律师协会是社会团体法人和律师自律组织。中国律师协会的管理权限主要表现在：①律师协会负责人通常应当由国家司法机构指派产生。②对于某些律师的违法行为，律师协会只有协助调查权和惩戒建议权，但最终处罚决定权归属于国家司法机构。

（二）转型期中国律师协会改革的路径选择

目前，中国律师管理体制变革的难点是如何实现司法行政机构与律师协会的"两结合"，其关键是缩减国家司法机构的权力范围和增强中国律师协会的自治管理能力。哪些现实路径可供转型期中国律师协会进行选择呢？根据中国学者陈卫东的观点，当前中国律师管理体制改革的现实路径选择主要有以下两项[1]。

1. 权力移交

权力移交是指国家司法机构逐步和部分地将律师管理权移交给律师协会。权力移交的主要内容涉及诸多方面：组织司法考试、执业证年检、发布行业管理规范、组织法律援助等。对国家司法机构而言，这种做法能够减轻目前国家司法机构的管理压力；对律师协会而言，其权威性能够得到强化，并且有利于推动律师自治机制的不断完善。

2. 参与管理

参与管理是指律师协会主动参与国家司法机构的各项管理活动。通过参与管理程序，律师协会能够有效地增强自治权力意识和提高自治管理能力。更重要的是，国家司法机构和律师协会之间的权责边界变得更加清晰，这有助于构建司法行政机构宏观指导和律师协会微观管理的新时代中国特色社会主义律师

---

[1] 陈卫东. 中国律师学 [M]. 北京：中国人民大学出版社，2008.

管理体制。

具体而言，参与管理的主要内容包括：①参与律师资格授予过程，即由律师协会对申请律师资格者提出初步考核意见，并以此作为司法行政机构最终授予律师资格的必要条件。②参与违规律师惩戒过程，即由律师协会中的惩戒委员会进行初步审查和提出处罚建议，并提交司法行政机构进行最终决定。③参与律师管理规范的制定过程，即由律师代表作为各种相关管理规范的起草小组成员，为司法行政机构出台相关法规提供专业意见。

在探讨中国律师管理体制改革的"两结合"思路过程中，我们始终无法回避一个重要问题，如何增强中国律师协会的自我发展能力？对于这个问题的回答需要我们认真思考律师协会、律师、律师事务所、司法行政机构之间的关系。针对这种复杂关系，本书认为：①目前中国律师协会的发展权限充足，因此关键突破点应当是增强律师协会本身的组织行动能力。②虽然当前中国律师协会允许同时吸纳个人会员和团体会员（即普通律师和律师事务所），但改革重点领域应当是通过合理的激励约束机制来规范普通律师行为。

沿着上述思路，接下来将从微观视角探讨两个问题：①普通律师之间的博弈关系。②普通律师与律师事务所之间的博弈关系。需要说明的是，由于这些博弈参与者的选择行为几乎是同时发生的，因此简单博弈矩阵更有助于我们清楚地描述博弈过程和外部条件改变的关键因素。

第二节 关于律师协会的博弈分析之一：普通律师之间的博弈关系

本节内容主要讨论普通律师之间的博弈关系，我们从这种博弈关系的均衡结果着手，试图探讨两个问题：①普通律师愿意加入律师协会的条件是什么？②普通律师在加入律师协会后愿意积极参与协会活动的条件是什么？这里的普通律师与律师协会分别代表着劳动者和劳动者集体组织。

第五章
行业型劳动者集体组织的重要样本：律师协会

一、普通律师是否愿意加入律师协会

根据《中华全国律师协会章程》规定，所有律师和所有律师事务所都必须加入律师协会。从这个角度看，"普通律师是否愿意加入律师协会"问题似乎是一个"伪命题"；但作者却在思考：如果没有《中华全国律师协会章程》的"强制性约束"，单个普通律师的自主选择结果将会如何？

（一）没有约束机制条件下的普通律师行为：随大流

1. 基本假设

（1）假定律师协会没有要求所有律师和律师事务所都必须加入律师协会。

（2）假定博弈过程中只有两个参与者：普通律师 A 和普通律师 B。

（3）假定普通律师 A 只有两种策略：①参加律师协会；②不参加律师协会。普通律师 B 亦如此。

根据上述假设条件，普通律师 A 和普通律师 B 的净收益可能存在着四种情况：第一种情况是双方都不参加律师协会。那么这就相当于没有律师协会，双方都无须缴纳会费，但也不能得到律师协会带来的各种收益，因此每个人的净收益都为零。第二种情况是双方都参加律师协会。那么双方通过律师协会获得收益 5，但他们都需要缴纳会费 -1，因此每个人的净收益都是 4。第三种情况和第四种情况是双方中只有一方参加律师协会，那么律师协会无法正常运转；由于不参加者不能获得律师协会带来的收益，但也无须缴纳会费，因此其净收益是零；而加入协会者需要缴纳会费 -1，但无法获得律师协会正常运转带来的收益，因此其净收益是 -1。

2. 博弈模型分析

基于上述假设条件，博弈矩阵的参与者、策略、支付的具体描述如表 5-1 所示。

表 5-1 没有约束机制条件下的普通律师行为

		普通律师 A	
		参加	不参加
普通律师 B	参加	(4, 4)	(-1, 0)
	不参加	(0, -1)	(0, 0)

根据表 5-1 的博弈矩阵，普通律师 A 和普通律师 B 的博弈过程分析如下。

（1）站在普通律师 A 的角度来看：①如果普通律师 B 的策略是"参加"，那么普通律师 A 选择策略"参加"将会得到净收益 4，普通律师 A 选择策略"不参加"将会得到净收益零；因此，普通律师 A 的合理策略是"参加"。②如果普通律师 B 的策略是"不参加"，那么普通律师 A 选择策略"参加"将会得到净收益 -1，选择策略"不参加"将会得到净收益零；因此，普通律师 A 的合理策略是"不参加"。

（2）站在普通律师 B 的角度来看：①如果普通律师 A 的策略是"参加"，那么普通律师 B 选择策略"参加"将会得到净收益 4，选择策略"不参加"将会得到净收益零；因此，普通律师 B 的合理策略是"参加"。②如果普通律师 A 的策略是"不参加"，那么普通律师 B 选择策略"参加"将会得到净收益 -1，选择策略"不参加"将会得到净收益零；因此，普通律师 B 的合理策略是"不参加"。

综上所述，如果律师协会没有要求必须入会的规定，普通律师 A 和普通律师 B 都从"最有利于自己"的角度出发进行博弈策略选择，那么最终将会形成两种博弈均衡结果：（参加，参加）和（不参加，不参加）。这种情况属于典型的纳什均衡结果，在"有限信息"和"有限理性"条件下，这两种博弈均衡结果都可能出现。换言之，普通律师 A 和普通律师 B 都可能选择"随大流"的行为策略：①如果对方的策略是"参加"，那么"我"也会"参加"。②如果对方的策略是"不参加"，那么"我"也会"不参加"。

3.博弈模型的现实价值

上述博弈模型的分析结果并非"杞人忧天",事实上在全国律师协会的统一管理局面出现之前,曾经设想让所有律师和律师协会自由选择"是否愿意加入律师协会"。显然,普通律师们将会在这种情况下选择"随大流"或者"人云亦云"。本书认为,律师协会提供给普通律师们的各种协会服务具有"公共物品"性质。虽然每个普通律师都希望得到"公共物品",但他们又都存在着"搭便车"心理和不愿意缴纳会费,这种博弈格局的最终结果是造成"公地悲剧"。

(二)具有约束机制条件下的普通律师行为:加入协会

针对可能出现的"公地悲剧",中国律师协会如何才能改变律师活动的外部环境,尽量让更多律师和律师事务所加入律师协会呢?沿着这种思路,我们尝试改变上述博弈模型的假设条件,讨论新的博弈均衡可能性。

1.基本假设

(1)改变原有假设条件,假定律师协会要求所有律师和律师事务所都必须加入律师协会,否则将会面临律师协会的惩罚。

(2)不改变原有假设条件,继续假定博弈过程中只有两个参与者:普通律师A和普通律师B。

(3)不改变原有假设条件,继续假定普通律师A只有两种策略:①参加律师协会;②不参加律师协会。普通律师B亦如此。

根据上述假设条件,普通律师A和普通律师B的净收益可能存在着四种情况:第一种情况是双方都不参加律师协会,那么双方都无法从律师协会获得收益,双方也都不需要缴纳会费,但他们都会面临律师协会的惩罚 –2,此时每个人的净收益都是 –2。第二种情况是双方都参加律师协会,那么律师协会能够正常运转,双方都能够从律师协会获得收益5;同时,双方都不会面临律师协会的惩罚,但都需要缴纳会费 –1;因此,每个人的净收益都是4。第三种情况和第四种情况是双方中只有一方参加律师协会,那么律师协会无法正常运转,双方都无法从律师协会中获得任何收益;同时,不参加协会者不需要缴纳会费,但将会面临律师协会的惩罚 -2，因此其净收益是 -2；而参加协会者不会面临律师协会的惩罚 -1，但需要缴纳会费 -1，因此其净收益是 -1。

2. 博弈模型分析

基于上述假设条件，博弈矩阵的参与者、策略、支付的具体描述如表 5-2 所示。

表 5-2　具有约束机制条件下的普通律师行为

		普通律师 A	
		参加	不参加
普通律师 B	参加	(4, 4)	(-1, -2)
	不参加	(-2, -1)	(-2, -2)

根据表 5-2 的博弈矩阵，普通律师 A 和普通律师 B 的博弈过程分析如下。

（1）站在普通律师 A 的角度来看：①如果普通律师 B 的策略是"参加"，那么普通律师 A 选择策略"参加"将会得到净收益 4，选择策略"不参加"将会得到净收益 -2，因此普通律师 A 的合理策略是"参加"。②如果普通律师 B 采取策略"不参加"，那么普通律师 A 选择策略"参加"将会得到净收益 -1，选择策略"不参加"将会得到净收益 -2，因此普通律师 A 的合理策略是"参加"。简而言之，无论普通律师 B 选择任何策略，则普通律师 A 都具有占优策略"参加"。

（2）站在普通律师 B 的角度来看：①如果普通律师 A 采取策略"参加"；那么普通律师 B 选择策略"参加"将会得到净收益 4，选择策略"不参加"将会得到净收益 -2，因此普通律师 B 的合理策略是"参加"。②如果普通律师 A 采取策略"不参加"；那么普通律师 B 选择策略"参加"将会得到净收益 -1，选择策略"不参加"将会得到净收益 -2，因此普通律师 B 的合理策略是"参加"。简而言之，无论普通律师 A 选择什么策略，则普通律师 B 也具有占优策略"参加"。

（3）综上所述，当律师协会设置"必须入会"的约束条件时，普通律师 A 和普通律师 B 的相互博弈结果是（参加，参加）。这种博弈均衡结果是典型的"占优均衡",它意味着此时普通律师们将会自愿加入律师协会。

3. 博弈模型的现实价值

事实上,根据《中华全国律师协会章程》(2018年修订版)的第3章第7条,依照《律师法》取得律师执业证书的律师是律师协会的个人会员,依法批准设立的律师事务所是律师协会的团体会员。根据现行《律师法》规定,律师、律师事务所应当加入所在地的地方律师协会,加入地方律师协会的律师,同时是全国律师协会的会员。这些规定实质上构成律师协会设置的"必须入会"约束条件。

二、普通律师是否愿意积极参与律师协会活动

普通律师在加入律师协会之后,是否愿意积极参与律师协会活动呢?本书认为,如果说"必须入会"构成了要求所有律师和律师事务所都必须加入律师协会的约束机制;那么律师协会提供的丰富活动内容则构成增加律师协会成员收益的激励机制。围绕这个研究主题,本书将通过三个博弈模型来对比分析不同情况,探究提高普通律师参与积极性的外部条件。

(一)基本前提

本书将要探讨的三个博弈模型是基于律师协会提供的不同激励机制条件,其数学表达体现为博弈模型的"关键假设"差异。为简便起见,本书将这三个博弈模型的共同假设条件提炼出来,这就构成该命题分析的"基本前提",其主要包括以下四点。

(1)假定博弈过程中只有两个律师:普通律师A和普通律师B。他们都已经加入律师协会,现在正考虑"是否积极参与律师协会活动"。

(2)普通律师A面临着两种博弈策略:①积极参与律师协会活动;②不积极参与律师协会活动。普通律师B也是如此。

(3)成本方面:①积极参与律师协会活动的普通律师需要支付活动成本,其活动成本是-1。②不积极参与律师协会活动的普通律师无须支付任何活动成

本，其成本是零。

（4）收益方面：第一种情况是普通律师 A 和普通律师 B 都积极参与律师协会活动，那么律师协会能够高效运转，双方都能够获得很高收益。第二种情况是普通律师 A 和普通律师 B 都不积极参与律师协会活动，那么律师协会将无法正常运转，双方的收益很低。第三种情况和第四种情况是普通律师 A 和普通律师 B 之中，只有一方积极参与律师协会活动，那么律师协会仅仅只能正常运转，双方获得的收益介于上述两种情况之间。

（二）情况1：充满不确定性

1. 关键假设

（1）当普通律师 A 和普通律师 B 都积极参与律师协会活动时，律师协会能够高效运转，他们的收益都是2。

（2）当普通律师 A 和普通律师 B 都不积极参与律师协会活动时，律师协会将无法正常运转，他们都无法享受到律师协会活动带来的收益，此时他们的收益都是零。

（3）当普通律师 A 和普通律师 B 之中，只有一方积极参与律师协会活动时，律师协会仅仅只能正常运转，积极者和不积极者的收益都是1。

2. 博弈主体的净收益

根据不同情况下的博弈主体收益，结合成本条件，其净收益情况为以下三种。

（1）当普通律师 A 和普通律师 B 都积极参与律师协会活动时，普通律师 A 和普通律师 B 的净收益都是1。

（2）当普通律师 A 和普通律师 B 都不积极参与律师协会活动时，普通律师 A 和普通律师 B 的净收益都是零。

（3）当普通律师 A 和普通律师 B 中，只有一方积极参与律师协会活动时，积极者的净收益是零，不积极者的净收益是1。

3.博弈分析过程

根据基本前提和情况 1 中的关键假设，对应的博弈模型如表 5-3 所示。

表 5-3 "充满不确定性"中的普通律师行为

		普通律师 A	
		积极	不积极
普通律师 B	积极	（1，1）	（0，1）
	不积极	（1，0）	（0，0）

根据表 5-3，普通律师 A 和普通律师 B 的博弈过程分析如下。

（1）站在普通律师 A 的角度来看：①如果普通律师 B 的策略是"积极"，那么普通律师 A 可能选择"积极"策略，也可能选择"不积极"策略。②如果普通律师 B 的策略是"不积极"，那么普通律师 A 可能选择"积极"策略，也可能选择"不积极"策略。

（2）站在普通律师 B 的角度来看：①如果普通律师 A 的策略是"积极"，那么普通律师 B 可能选择"积极"策略，也可能选择"不积极"策略。②如果普通律师 A 选择"不积极"，那么普通律师 B 可能选择"积极"策略，也可能选择"不积极"策略。

（3）根据博弈模型分析，如果律师协会提供的协会服务内容没有带来很强的激励效应，那么普通律师们将会缺乏积极参与律师协会活动的动机，此时博弈均衡有可能出现四种结果：（积极，积极）、（积极，不积极）、（不积极，积极）、（不积极，不积极）。这四种结果的出现可能性是相同的，这意味着这种博弈均衡结果充满着不确定性，我们无法判断普通律师们的确定性策略选择。

4.博弈均衡的改善思路

既然这种充满不确定性的博弈均衡源自律师协会的激励机制较弱，那么我们尝试逐步提高这种"激励机制"给普通律师们带来的收益，进而探讨博弈均衡可能出现的新情况。这种尝试的数学表达主要体现为改变博弈模型的关键假设。

（三）情况2：观望

1.关键假设

（1）改变原有假设条件，假定普通律师A和普通律师B都积极参与律师协会活动时，他们的收益都是3。

（2）不改变原有假设条件，继续假定普通律师A和普通律师B都不积极参与律师协会活动时，他们的收益都是零。

（3）不改变原有假设条件，继续假定普通律师A和普通律师B中，只有一方积极参与律师协会活动时，积极者和不积极者的收益都是1。

2.博弈主体的净收益

（1）当普通律师A和普通律师B都积极参与律师协会活动时，普通律师A和普通律师B的净收益都是2。

（2）当普通律师A和普通律师B都不积极参与律师协会活动时，普通律师A和普通律师B的净收益都是零。

（3）当普通律师A和普通律师B中，只有一方积极参与律师协会活动时，积极者的净收益是零，不积极者的净收益是1。

3.博弈分析过程

基于上述假设条件，对应的博弈模型如表5-4所示。

表5-4 "观望"中的普通律师行为

		普通律师A	
		积极	不积极
普通律师B	积极	(2, 2)	(0, 1)
	不积极	(1, 0)	(0, 0)

根据表5-4，普通律师A和普通律师B的博弈过程分析如下。

（1）站在普通律师A的角度来看：①如果普通律师B的策略是"积极"，那么普通律师A选择"积极"策略的净收益是2，选择"不积极"策略的净收益是零,因此普通律师 A 的合理策略是"积极"。②如果普通律师 B 的策略是"不积极",那么普通律师 A 选择"积极"的净收益是零,选择"不积极"的净收益也是零,因此普通律师 A 可能选择"积极",也可能选择"不积极"。

(2)站在普通律师 B 的角度来看:①如果普通律师 A 的策略是"积极",那么普通律师 B 选择"积极"策略的净收益是 2,选择"不积极"策略的净收益是零,因此普通律师 B 的合理策略是"积极"。②如果普通律师 A 的策略是"不积极",那么普通律师 B 选择"积极"策略的净收益是零,选择"不积极"策略的净收益也是零,因此普通律师 B 可能选择"积极",也可能选择"不积极"。

综合而言,上述博弈模型的均衡结果是(积极,积极)和(不积极,不积极),这意味着普通律师 A 与普通律师 B 之间是保持着"观望"态度,即"你积极,我就积极",而"你不积极,我就不积极"。与情况 1 中的"充满不确定性"相比,普通律师 A 和普通律师 B 的行为不确定性得到有效降低。进而言之,如果律师协会能够提高协会服务的质量和数量,那么律师协会提供的激励机制将会更具有强影响力,这将有助于降低普通律师们的博弈行为不确定性。

比较情况 1 与情况 2,我们发现上述改善思路的基本方向是正确的。但我们应当关注一项重要影响因素(3-1=2)>1,这项数学条件的现实含义是:所有人都积极参与律师协会活动时的博弈主体收益减去行动成本,大于部分人积极参与律师协会活动时的博弈主体收益。具体而言,当普通律师 A 和普通律师 B 都积极参与律师协会活动时,他们得到的收益是 3;在扣除行动成本 -1 之后,他们的净收益是 2。与之相对,当普通律师 A 和普通律师 B 之中,只有一方积极参与律师协会活动时,他们得到的收益是 1;在扣除行动成本之后,积极者的净收益是零,不积极者的净收益是 1,两者都小于 2。

4. 博弈均衡的改善思路

尽管情况 2 已经在情况 1 基础上进行了一定程度改善,但跟我们的期望目标相比,情况 2 仍然存在着差距。我们的期望目标是(积极,积极),情况 2 却存在着两种可能性,即(积极,积极)和(不积极,不积极)。具体表现为:

①当对方采取"积极"策略时,"我"也采取"积极"态度。②当对方采取"不积极"策略时,"我"也采取"不积极"态度。博弈双方似乎都被锁定在既定场景之中,这种博弈均衡结果属于典型的纳什均衡。突破这种锁定效应的一种办法是继续增加部分人积极参与律师协会活动时的博弈主体收益,使其与"所有人都不积极参加律师协会活动"时的博弈主体收益保持足够差距。

(四)情况3:所有普通律师都积极参与律师协会活动

1. 关键假设

(1)改变原有假设条件,假定当普通律师A和普通律师B都积极参与律师协会活动时,他们的收益都是4。

(2)不改变原有假设条件,继续假定当普通律师A和普通律师B都不积极参与律师协会活动时,他们的收益都是零。

(3)改变原有假设条件,假定当普通律师A和普通律师B中,只有一方积极参与律师协会活动时,积极者和不积极者的收益都是2。

2. 博弈主体的净收益

(1)当普通律师A和普通律师B都积极参与律师协会活动时,普通律师A和普通律师B的净收益都是3。

(2)当普通律师A和普通律师B都不积极参与律师协会活动时,普通律师A和普通律师B的净收益都是零。

(3)当普通律师A和普通律师B中,只有一方积极参与律师协会活动时,积极者的净收益是1,不积极者的净收益是2。

3. 博弈分析过程

根据情况3中的关键假设,对应的博弈模型如表5-5所示。

第五章 行业型劳动者集体组织的重要样本：律师协会

表 5-5 "所有普通律师都积极参加律师协会活动"中的普通律师行为

		普通律师 A	
		积极	不积极
普通律师 B	积极	(3, 3)	(1, 2)
	不积极	(2, 1)	(0, 0)

根据表 5-5，普通律师 A 和普通律师 B 的博弈过程分析如下。

（1）站在普通律师 A 的角度来看：①如果普通律师 B 的策略是"积极"，那么普通律师 A 选择"积极"策略的净收益是 3，选择"不积极"策略的净收益是 2，因此普通律师 A 的合理选择是"积极"策略。②如果普通律师 B 的策略是"不积极"，那么普通律师 A 选择"积极"策略的净收益是 1，选择"不积极"策略的净收益是零，因此普通律师 A 的合理选择还是"积极"策略。简而言之，"积极"策略是普通律师 A 的占优策略。

（2）站在普通律师 B 的角度来看：①如果普通律师 A 的策略是"积极"，那么普通律师 B 选择"积极"策略的净收益是 3，选择"不积极"策略的净收益是 2，因此普通律师 B 的合理选择是"积极"策略。②如果普通律师 A 的策略是"不积极"，那么普通律师 B 选择"积极"策略的净收益是 1，选择"不积极"策略的净收益是零，因此普通律师 B 的合理选择还是"积极"策略。简而言之，"积极"策略也是普通律师 B 的占优策略。

综合而言，该博弈模型的均衡结果是（积极，积极）。这意味着，当律师协会提供的协会服务内容能够给协会会员带来足够高收益时，普通律师们都愿意积极参与律师协会活动，这是普通律师们的确定性选择结果。

4. 博弈模型的现实价值

根据情况 3 描述的现实场景，普通律师们在什么条件下愿意积极参加律师协会呢？如果采用博弈论语言来描述这个问题，这就是博弈均衡结果（积极，积极）的"支付"条件是什么？通过上述博弈模型的数学分析过程，我们注意到：如果要实现博弈均衡结果（积极，积极），那么就不仅要保证（4-1=3）>2，还要保证 2>（0+1=1）或者（2-1=1）>0。用通俗语言来讲，要想实现所以普通律师都积极参加律师协会活动的理想结果，那就必须让"所有人都积极""部分人积极""所有人都不积极"三种状态下的博弈主体收益之间存在着足够差距。

进而言之，如果我们希望所有普通律师都积极参加律师协会活动，那就需要不断增加律师协会给律师们带来的预期收益。事实上，各地律师协会正在不断丰富协会活动内容，积极组织业务交流活动和学术会议，争取为所有协会成员提供更多信息服务和培训服务。

三、延伸思考

经济学只是我们观察转型期中国社会经济现实的分析角度，我们还可以从其他维度来考察普通律师们的行为策略。例如，从法学、社会学等角度分析普通律师"是否愿意加入律师协会"和"是否愿意积极参加律师协会活动"。本书尝试进行如下经济学之外的思考。

（一）社会公平感

1. 效率与公平

根据表 5-5 的情况，虽然博弈模型的最终均衡（积极，积极）实现了整体博弈格局的理想状态，即所有普通律师都愿意积极参加律师协会活动；但如果我们考察博弈模型中的（积极，不积极）情况，就会发现不同类型普通律师在整体博弈格局中的结果差异。这意味着，虽然上述博弈模型的改善能够实现经济学层面的效率更高，但却可能出现社会学层面的不公平。

例如，博弈模型中的可能结果（积极，不积极）对应着支付状态（1，2），这意味着积极参与律师协会活动的普通律师只能得到净收益 1，而不积极参与律师协会活动的普通律师却能得到净收益 2。这种局面显然是不符合社会公平正义原则的。

2. 十九大报告精神的重要论断

综观中国社会经济转型的 40 年历程，"效率优先，兼顾公平"是体现社会主义国家性质的重要准则。正是由于"效率"与"公平"之间保持着平衡关系，转型期中国社会经济体系才能同时保持增长和稳定。然而，如果说中国社会经济体制变革的前40年更强调"效率"问题，关注中国经济增长的"蛋糕"如何做大，那么中国社会经济体制变革的未来40年将会更强调"公平"问题，关注社会公众如何分享中国社会经济发展成果。

2017年10月，中国共产党第十九次全国代表大会强调现阶段中国社会的主要矛盾是人民日益增长的美好生活需要和不平衡不充分的发展之间的矛盾。这是对"效率与公平"问题的重要现实论断。特别是在贫富差距日益凸显的现实情况下，当前中国社会公众不仅关注创造更多财富，还关注合理分配财富，即让更多人能够分享中国经济增长和社会发展成果。

发展经济学给十九大报告精神提供了重要注释：①"增长"意味着社会物质财富总量增加，它强调"数量"特征，具体表现为地方经济增长过程中的GDP增加。②"发展"则意味着社会公众生活质量提高，它强调"质量"特征，具体表现为居民福利水平提升。③"增长"只是手段，"发展"才是人类社会演进的最终目标。对社会公众而言，"发展"不仅意味着可以购买更多数量商品，而且意味着可以选择更多种类商品；更重要的是，"发展"不仅需要人们的物质财富增加，还需要人们在精神需求层面的更高满足程度。

3. 绝对富裕与相对贫穷

与1978年中国社会经济体制转型刚刚开始时相比，中国人的生活质量已经得到显著提高。事实上，从物质财富的绝对数量来看，每个人都已经变得更加富裕。但根据马克思主义政治经济学的观点，绝对富裕往往伴随着相对贫穷。在社会财富总量不断增加的过程中，少数人拥有的物质财富比重逐渐提高，社会财富的分配呈现出不平衡特征。简而言之，贫富分化现象绝对不利于转型期中国社会的持续健康发展。

（二）集体组织运行的自我强化机制

1. 律师协会运作效率与单个律师参与意愿

在上述博弈模型分析中，律师协会运作效率是原因，单个普通律师是否愿意参与协会活动是结果；但在现实世界中，我们还需要考虑单个普通律师行为对律师协会运作效率的影响。换言之，我们不仅需要考虑外部环境变化的冲击影响，还要考虑微观个体行为对外部环境的反馈效应。

从情况1、情况2到情况3是律师协会不断提高协会服务激励效应的过程，这表现为律师协会给普通律师们带来的收益不断提高；由于这些收益条件改变和博弈主体的净收益变化，普通律师们将会自愿选择积极参加律师协会活动。在考察转型期中国律师协会的实际运行效率时，我们发现，当更多普通律师们积极参加律师协会活动时，律师协会的运作效率可能更高，律师协会就能够给普通律师提供更多活动内容，更多普通律师将会参与律师协会活动。简而言之，律师协会的运作效率与单个普通律师的参与意愿之间，存在着显著的正反馈效应。

本书认为，律师协会是一种重要的劳动者集体组织，它存在着显著自我强化机制。换言之，运行效率越高的集体组织能够吸引越多的组织成员和集体行动资源，同时更多组织成员加入将会增强该集体组织的运行效率。反之则不然。正因此，核心组织成员应该努力使集体组织进入越来越好的良性轨道，争取推动集体组织运行效率与组织成员行动之间的良性互动；否则，组织成员的相互推诿和不努力将会导致该集体组织陷入越来越差的境地。

2. 约束机制和激励机制

如果说集体组织运行效率存在着自我强化机制，那么我们如何使集体组织进入越来越好的良性轨道呢？本书认为，解决这个问题的关键是合理设计约束机制和激励机制。就律师协会而言，具体表现在：①约束机制着眼于增加单个普通律师不加入律师协会的成本，这种措施规定单个律师必须加入律师协会。②激励机制则着眼于增加单个普通律师积极参加律师协会活动的收益，这种措施促使单个律师愿意采取积极行动。

本书认为，约束机制和激励机制分别规定着人们行为的不同层面：①约束机制强调人们行为的最低限度，普通律师行为的最低限度就是必须加入律师协会。②激励机制则鼓励人们行为追求最高程度，普通律师行为的最高程度就是积极参加律师协会活动，不断提升律师协会的运行效率。

需要强调的是，当某个律师协会无法自动进入集体组织发展的良性轨道时，外部力量应当适时参与其中。换言之，在转型期中国社会的现实场景中，国家司法机构应当选择恰当时机介入律师协会发展过程，使政府力量与民间力量形成良性互动关系；在帮助律师协会进入良性发展轨道之后，国家司法机构可以有步骤地退出干预活动。

第三节 关于律师协会的博弈分析之二：普通律师与律师事务所之间的博弈关系

根据2016年修订版《中华全国律师协会章程》规定，"依照《中华人民共和国律师法》取得律师职业证书的律师，为本会个人会员；依法批准设立的律师事务所为本会团体会员……个人会员应当在本人执业注册所在地的省、自治区、直辖市律师协会办理会员登记手续。"虽然单个律师和律师事务所都是律师协会成员，但他们之间的角色差异和博弈关系深刻影响着转型期中国律师协会的微观基础。本书重点分析两个层面：①律师协会的内部组织结构；②普通律师与律师事务所之间的博弈关系。

一、律师协会的内部组织结构

（一）团体会员与个人会员的差异

1. 权利方面

（1）根据2018年修订版《中华全国律师协会章程》第8条和第10条规定，个人会员和团体会员的权利如下。

个人会员的权利主要包括：①享有表决权、选举权、被选举权；②享有依法执业保障权；③参加全国律协组织的学习和培训；④参加全国律协组织的专业研究和经验交流活动；⑤享受全国律协举办的福利；⑥使用全国律协的图书、资料、网络和信息资源；⑦提出立法、司法和行政执法的意见和建议；⑧对全国律协的工作进行监督，提出批评和建议；⑨通过全国律协向有关部门反映意见。

团体会员的权利主要包括：①参加全国律协举办的会员和其他活动；②使用全国律协的信息资源；③对全国律协工作进行民主监督，并提出意见和建议。

（2）仔细对比团体会员和个人会员的权利，我们将会发现：①两者基本相同；②团体会员的权利被涵盖在个人会员权利之中。事实上，团体会员的权利必须依靠个人会员的具体活动来实现。就全国律协而言，团体会员是各种类型律师事务所，其各项职能活动必须依靠具体状态的人来实现；这些人就是代表律师事务所参与协会活动的协会成员，他们往往同时兼具个人会员身份和团体会员身份。

需要强调的是，只有少数个人会员具有代表各自律师事务所开展活动的权利；大多数律师协会成员都只具有个人会员身份，而无法代表所在律师事务所。

2. 义务方面

（1）根据2018年修订版《中华全国律师协会章程》第9条和第11条规定，个人会员和团体会员的义务如下。

个人会员的义务主要包括：①遵守全国律协章程，执行全国律协决议；②遵守律师执业行为规范，遵守全国律协行业规则和准则；③接受全国律协的指导、监督、管理；④承担全国律协委托的工作；⑤承担律师协会委托的工作，履行律师协会规定的法律援助义务；⑥自觉维护律师职业声誉，维护会员间的团结；⑦按规定交纳会费。

团体会员的义务主要包括：①遵守全国律协章程；②遵守全国律协的行业规范，执行全国律协决议；③教育律师遵守律师执业行为规范；④组织律师参加全国律协的各项活动；⑤制定、完善内部规章制度；⑥为律师行使权利、履行义务提供必要条件；⑦组织和参加律师执业责任保险；⑧对实习律师加强管理；⑨对律师的执业活动进行考核；⑩按规定交纳会费；⑪承担全国律协委托的工作。

（2）如果仔细对比团体会员和个人会员的义务，我们将会发现：律师协会的团体会员比个人会员承担的义务项数更多。但如果考虑到律师事务所与单个律师之间的委托代理关系，这种情况就不难理解。由于大多数律师都从属于某个律师事务所，所以律师协会往往通过对律师事务所的管理活动来规范单个律师行为。

综合而言，无论律师协会的团体会员的权利和义务如何复杂，它们最终都会落实到个人会员身上。律师协会规定的最终承担者是单个律师们。进而言之，集体组织行为的最终承担者是组织成员；集体组织运行效率的最重要影响因素是单个组织成员们的行为。

（二）普通律师与律师事务所的力量对比

1. 律师协会成员的不同身份特征

律师协会中的个人会员身份将会发生变化。通常情况下，普通律师只能以个人会员身份加入律师协会，而律师事务所则以团体会员身份加入律师协会。我们可以设想，刚刚踏入律师行业的从业者往往只是律师协会的个人会员，但随着时间推移，他的从业经验将会不断丰富，行业资源将会不断积累，此时他就可能转变为某个律师事务所的合伙人，甚至自己开办律师事务所。在这种情况下，这位律师已经不仅仅是个人会员，而且还能够代表所在律师事务所开展各种活动。

2. 雇员力量与雇主力量

（1）律师协会中的某些个人会员是著名律师。他们往往是某个律师事务所的合伙人，或者开办自己的律师事务所。从劳动关系角度来看，这些著名律师与具有团体会员身份的律师事务所结合起来，共同扮演着雇主力量角色。

与之相对应，律师协会的个人会员中还有一些非著名律师。他们往往在某个律师事务所工作，在完成律师事务所交付的具体工作任务之后而获得劳动报酬。他们扮演着劳动关系中的雇员力量角色。

（2）在律师协会的最高权力机构律师代表大会中，参加会议的律师协会成员既有团体会员，也有个人会员。在个人会员中，既有雇主力量代表者，也有雇员力量代表者。团体会员和个人会员构成了律师协会的微观基础。这也意味着律师协会并不是纯粹意义上的劳动者集体组织，它更应当被看作雇员力量和雇主力量的混合体。

事实上，正是由于律师协会成员的广泛代表性，这才使得律师协会做出的各项决议更不容易犯错误，进而更有利于维护律师事务领域的整体利益。既然律师协会中存在着不同利益诉求的群体力量，那就应当寻找维持这些群体力量的平衡点。本书深入剖析律师协会的主要意图，就是希望以劳动关系作为切入点，探求律师协会内部雇主力量与雇员力量的平衡点，进而探索中国社会经济体制转型过程中的各种利益集团进行协调的实现路径。

二、普通律师与律师事务所之间的博弈关系

为分析简便，本书将普通律师视为雇员力量代表者，而将律师事务所视为雇主力量代表者。通过层层递进的三个博弈模型，本书努力阐释清楚雇员力量与雇主力量的较量过程。

（一）基本模型：没有任何限制条件的博弈关系

没有任何限制条件意味着律师协会没有对单个普通律师和律师事务所设置任何激励和约束机制，或者说没有第三方力量干预劳动关系。

1. 假设条件

（1）假定博弈过程中只有两个参与主体：代表雇员力量的普通律师和代表雇主力量的律师事务所。

（2）假定雇员有两种博弈策略选项：①"合作"策略，即雇员努力工作，

其结果是为雇主提供产出 R_1，此时雇主的资本收益是 R_1。②"不合作"策略，即雇员不努力工作，其结果是为雇主提供产出 R_2，此时雇主的资本收益是 R_2。显然，$R_1 > R_2$。

（3）假定雇主有两种博弈策略选项：①"合作"策略，即雇主提供较高的工资水平 W_1，并且努力改善工作环境，此时雇员劳动收益是 W_1。②"不合作"策略，即雇主提供较低的工资水平 W_2，并且不会改善工作环境，此时雇员劳动收益是 W_2。显然，$W_1 > W_2$。

（4）假定雇主努力改善工作环境时，需要支付代价 A。

2. 参与者的净收益

（1）雇员选择"合作"策略，且雇主选择"合作"策略。他们的净收益分别为：①雇员的净收益是 W_1。②雇主的资本收益是 R_1，但他需要支付工资成本 W_1 和生产环境改善成本 A，所以雇主净收益是（R_1-W_1-A）。

（2）雇员选择"合作"策略，且雇主选择"不合作"策略。他们的净收益分别为：①雇员的净收益是 W_2。②雇主的资本收益是 R_1，但他需要支付工资成本 W_2，所以雇主净收益是（R_1-W_2）。

（3）雇员选择"不合作"策略，且雇主选择"合作"策略。他们的净收益分别为：①雇员的净收益是 W_1。②雇主的资本收益是 R_2，但他需要支付工资成本 W_1 和生产环境改善成本 A，所以雇主净收益是（R_2-W_1-A）。

（4）雇员选择"不合作"策略，且雇主选择"不合作"策略。他们的净收益分别为：①雇员的净收益是 W_2。②雇主的资本收益是 R_2，但他需要支付工资成本 W_2，所以雇主净收益是（R_2-W_2）。

3. 博弈模型分析

根据上述假设条件和各博弈主体的净收益，该博弈模型的参与者、策略、支付描述如表5-6所示。

表 5-6 没有任何限制条件的博弈关系

		雇主	
		合作	不合作
雇员	合作	(W_1, R_1-W_1-A)	(W_2, R_1-W_2)
	不合作	(W_1, R_2-W_1-A)	(W_2, R_2-W_2)

根据表5-6，雇主和雇员的博弈过程如下。

（1）站在雇员的角度来看：①当雇主策略是"合作"时，无论雇员选择"合作"策略或"不合作"策略，净收益都是W_1；因此，雇员可能选择"合作"策略或"不合作"策略。②当雇主策略是"不合作"时，无论雇员选择"合作"策略或"不合作"策略，其净收益都是W_2，因此雇员有可能选"合作"策略或"不合作"策略。

（2）站在雇主的角度来看：①当雇员策略是"合作"时，雇主选择"合作"策略的净收益是（R_1-W_1-A），选择"不合作"策略的净收益是（R_1-W_2）。根据假设条件，$W_1 > W_2$，得到（W_1+A）> W_2，进而（$-W_1-A$）< $-W_2$，从而得到（R_1-W_1-A）<（R_1-W_2）。此时雇主的合理策略是"不合作"。②当雇员策略是"不合作"时，雇主选择"合作"策略的净收益是（R_2-W_1-A），选择"不合作"策略的净收益是（R_2-W_2）。根据假设条件，$W_1 > W_2$，得到（W_1+A）> W_2，进而（$-W_1-A$）< $-W_2$，从而得到（R_2-W_1-A）<（R_2-W_2）。此时雇主的合理策略也是"不合作"。

综合而言，最可能出现的博弈均衡结果的是（合作，不合作）和（不合作，不合作）。换言之，雇主最可能采取的博弈策略是"不合作"；而雇员随机性地选择"合作"策略或者"不合作"策略。这种博弈均衡结果也意味着，无论雇员选择"合作"策略或"不合作"策略，雇主始终选择"不合作"策略。

4.主要结论和改善思路

（1）上述博弈模型分析基本符合资本主义社会的劳动关系场景。事实上，在资本收益既定的条件下，雇主通常会选择成本更低的行动方式，他们往往会选择"不合作"策略来降低成本。而雇员行为则具有很大随意性，雇员们可能因为珍惜工作机会而选择"合作"策略，也可能因为与律师事务所老板的三观不同而选择"不合作"策略。

（2）从构建和谐劳动关系角度来看，我们希望出现的理想博弈结果是（合作，合作）。为了实现这种理想状态，本书尝试引入激励和约束机制，以改善博弈模型结果。具体分为以下两个步骤。

第一步是增加约束机制，即律师协会对雇主力量进行限制，在博弈模型中体现为减少雇主选择"不合作"策略时的净收益。这种思路体现为具有约束机制且没有激励机制的博弈关系，其目的是尽可能促使雇主选择"合作"策略。

第二步是进一步增加激励机制，即律师协会对雇员力量的积极努力进行奖励，在博弈模型中体现为增加雇员选择"合作"策略时的净收益。这种思路体现为具有约束机制和激励机制的博弈关系，其目的是在继续保持雇主选择"合作"策略的情况下，尽可能促使雇员选择"合作"策略。

（二）第一步改善后的模型：具有约束机制且没有激励机制的博弈关系

这里的约束机制意味着律师协会规定，在律师事务所中的普通律师开展各种法律服务活动时，律师事务所是委托方，普通律师是代理方；代理方的行为结果应当由委托方承受，即普通律师造成的损失后果应当由律师事务所承担。

1. 第一次改善条件

在继续保留基本模型的基础上，我们增加改善条件1：在雇主选择"不合作"策略的情况下，如果因雇员工作失误引起客户索赔要求，此时雇主应当承担连带责任，应当先由雇主向客户赔偿全部损失 T，然后再由雇主和雇员进行责任划分。假设条件变化后的博弈模型被调整为以下四种情况。

（1）雇员选择"合作"策略，且雇主选择"合作"策略。此时他们的净收益分别为：①雇员的净收益是 W_1。②雇主的资本收益是 R_1，但他需要支付

工资成本 W_1 和生产环境改善成本 A，所以雇主的净收益是（R_1-W_1-A）。

（2）雇员选择"合作"策略，且雇主选择"不合作"策略。此时他们的净收益分别为：①雇员的净收益是 W_2。②雇主的资本收益是 R_1，但他需要支付工资成本 W_2，还需要承担全部赔偿责任 T，所以雇主的净收益是（R_1-W_2-T）。

（3）雇员选择"不合作"策略，且雇主选择"合作"策略。此时他们的净收益分别为：①雇员的净收益是 W_1。②雇主的资本收益是 R_2，但他需要支付工资成本 W_1 和生产环境改善成本 A，所以雇主的净收益是（R_2-W_1-A）。

（4）雇员选择"不合作"策略，且雇主选择"不合作"策略。此时他们的净收益分别为：①雇员的净收益是 W_2。②雇主的资本收益是 R_2，但他需要支付工资成本 W_2，还需要承担全部赔偿责任 T，所以雇主的净收益是（R_2-W_2-T）。

2. 博弈模型分析

根据基本模型的假设条件和改善条件1，该博弈模型的具体描述如表5-7所示。

表5-7 具有约束机制且没有激励机制的博弈关系

		雇主	
		合作	不合作
雇员	合作	（W_1, R_1-W_1-A）	（W_2, R_1-W_2-T）
	不合作	（W_1, R_2-W_1-A）	（W_2, R_2-W_2-T）

根据表5-7，雇主和雇员的博弈过程如下。

（1）站在雇员的角度来看：①当雇主的策略是"合作"时，无论雇员选择"合作"策略或"不合作"策略，净收益都是 W_1，因此雇员可能选择"合作"策略或"不合作"策略。②当雇主的策略是"不合作"时，无论雇员选择"合作"策略或"不合作"策略，净收益都是 W_2，因此雇员可能选择"合作"策略或"不合作"策略。

（2）站在雇主的角度来看：①当雇员的策略是"合作"时，雇主选择"合作"策略的净收益是（R_1-W_1-A），选择"不合作"策略的净收益是（R_1-W_2-T）。

如果我们希望雇主更倾向于选择"合作"策略，那就必须使（R_1-W_1-A）＞（R_1-W_2-T），即 $T>(W_1+A-W_2)$。②当雇员的策略是"不合作"时，雇主选择"合作"策略的净收益是（R_2-W_1-A），选择"不合作"策略的净收益是（R_2-W_2-T）。同样的道理，如果我们希望雇主更倾向于选择"合作"策略，那就必须使（R_2-W_1-A）＞（R_2-W_2-T），此时也要求保证 $T>(W_1+A-W_2)$。

综合而言，如果我们能够保证 $T>(W_1+A-W_2)$ 的条件，那么最可能出现的博弈均衡结果是（合作，合作）和（不合作，合作）。这意味着只要律师协会的约束机制对律师事务所产生足够影响，那么无论普通律师的策略选择结果是什么，律师事务所都会选择"合作"策略。

3. 主要结论

在转型期中国社会的现实场景中，模型的"具有约束机制且没有激励机制的博弈关系"有哪些现实意义呢？事实上，转型期全国律协规定：律师事务所是承接各种律师服务活动的责任主体，它对律师事务所管辖范围内的普通律师行为承担连带责任；律师服务活动的全部收益和全部成本应当直接归属于律师事务所，然后再在律师事务所内部进行收益分配和责任划分。

从劳动关系角度来看，律师事务所代表着雇主力量，它基于资本要素而获得相应报酬；普通律师代表着雇员力量，他们属于律师事务所内部的劳动要素，即通过提供法律服务而获得劳动报酬。上述博弈模型对我们的启发意义是：在劳动关系问题的博弈过程中，如果我们希望雇主力量更倾向于选择"合作"策略，为员工提供较高工资和较好工作环境，那么就需要必要的外部力量对雇主力量进行约束。例如，地方政府可以设置规定，企业应当为员工购买工伤保险、失业保险；企业应该为员工因公受到的各种伤害支付医疗费等。

（三）第二步改善后的模型：同时具有约束机制和激励机制的博弈关系

遗憾的是，第一步改善后的模型"具有约束机制且没有激励机制的博弈关系"只能得到博弈均衡（合作，合作）和（不合作，合作），这仍然不是我们最期望得到的理想博弈均衡结果。如何才能实现我们期望的博弈均衡结果（合作，合作）呢？本书在保留约束机制和雇主"合作"策略的基础上，增加激励机制，继续探究博弈均衡结果改善的可能性。

这里的激励机制意味着，律师事务所将部分股权转移给某些普通律师，使其成为律师事务所的股权拥有者之一。这些获得股权的普通律师不仅可以获得全部劳动报酬，还能得到一部分资本要素报酬。在现实世界中，这些普通律师已经不再是单纯意义上的雇员或劳动者，而类似于现代企业制度中的持股员工。

1. 第二次改善条件

在继续保留基本模型和改善条件1的基础上增加改善条件2：律师事务所将一部分股权转移给某些普通律师，这就使得这些普通律师或雇员的收益不仅包含全部劳动收益，而且包含一部分资本收益；这部分资本收益占资本收益总量的比例为 θ。假设条件变化后的博弈模型被调整为以下四种。

（1）雇员选择"合作"策略，且雇主选择"合作"策略。此时他们的净收益分别为：①雇员的全部劳动收益是 W_1，加上其资本收益（$\theta \times R_1$），所以雇员的净收益是（$W_1 + \theta \times R_1$）。②雇主的资本要素收益是 $[(1-\theta) \times R_1]$，但他需要支付工资成本 W_1 和生产环境改善成本 A，所以雇主的净收益是 $[(1-\theta) \times R_1 - W_1 - A]$。

（2）雇员选择"合作"策略，且雇主选择"不合作"策略。此时他们的净收益分别为：①雇员的全部劳动收益是 W_2，加上其资本收益（$\theta \times R_1$），所以雇员的净收益是（$W_2 + \theta \times R_1$）。②雇主的资本收益是 $[(1-\theta) \times R_1]$，但他需要支付工资成本 W_2，还需要承担赔偿责任 T，所以雇主的净收益是 $[(1-\theta) \times R_1 - W_2 - T]$。

（3）雇员选择"不合作"策略，且雇主选择"合作"策略。此时他们的净收益分别为：①雇员的全部劳动收益是 W_1，加上其资本收益（$\theta \times R_2$），所以雇员的净收益是（$W_1 + \theta \times R_2$）。②雇主的资本要素收益是 $[(1-\theta) \times R_2]$，但他需要支付工资成本 W_1 和生产环境改善成本 A，所以雇主的净收益是

$[(1-\theta) \times R_2-W_1-A]$。

（4）雇员选择"不合作"策略，且雇主选择"不合作"策略。此时他们的净收益分别为：①雇员的全部劳动收益是 W_2，加上其资本收益（$\theta \times R_2$），所以雇员的净收益是（$W_2+\theta \times R_2$）。②雇主的资本收益是 $[(1-\theta) \times R_2]$，但他需要支付工资成本 W_2，还需要承担赔偿责任 T，所以雇主的净收益是 $[(1-\theta) \times R_2-W_2-T]$。

2.博弈模型分析

根据基本模型的假设条件、改善条件1和改善条件2，该博弈模型的具体描述如表5-8所示。

表5-8 具有约束机制和激励机制的博弈关系

		雇主	
		合作	不合作
雇员	合作	($W_1+\theta \times R_1$)，$[(1-\theta) \times R_1-W_1-A]$	($W_2+\theta \times R_1$)，$[(1-\theta) \times R_1-W_2-T]$
	不合作	($W_1+\theta \times R_2$)，$[(1-\theta) \times R_2-W_1-A]$	($W_2+\theta \times R_2$)，$[(1-\theta) \times R_2-W_2-T]$

根据表5-8，雇主和雇员的博弈过程如下。

（1）站在雇员的角度来看：①当雇主的策略是"合作"时，雇员选择"合作"策略的净收益是（$W_1+\theta \times R_1$），选择"不合作"策略的净收益是（$W_1+\theta \times R_2$）。根据假设条件 $R_1 > R_2$，得到（$W_1+\theta \times R_1$）>（$W_1+\theta \times R_2$），此时雇员的合理策略是"合作"。②当雇主的策略是"不合作"时，雇员选择"合作"策略的净收益是（$W_2+\theta \times R_1$），选择"不合作"策略的净收益是（$W_2+\theta \times R_2$）。根据假设条件 $R_1 > R_2$，得到（$W_2+\theta \times R_1$）>（$W_2+\theta \times R_2$），此时雇员的合理策略也是"合作"。

（2）站在雇主的角度来看：①当雇员的策略是"合作"时，雇主选择"合作"策略的净收益是 $[(1-\theta) \times R_1-W_1-A]$，选择"不合作"策略的净收益是 $[(1-\theta) \times R_1-W_2-T]$。如前所述，如果律师协会提供的约束机制对律师事务所具有足够强大影响，那么就会存在着 T >（W_1+A-W_2），由此得到（$-W_1-A$）>

（$-W_2-T$），进而得到 $[(1-\theta) \times R_1-W_1-A] > [(1-\theta) \times R_1-W_2-T]$。此时，雇主的合理策略是"合作"。②当雇员的策略是"不合作"时，雇主选择"合作"策略的净收益是 $(1-\theta) \times R_2-W_1-A]$，选择"不合作"策略的净收益为 $[(1-\theta) \times R_2-W_2-T]$。同上所述，如果律师协会提供的约束机制对律师事务所具有足够强大影响，那么就会存在着 $T > (W_1+A-W_2)$，由此得到 $(-W_1-A) > (-W_2-T)$，进而得到 $[(1-\theta) \times R_2-W_1-A] > [(1-\theta) \times R_2-W_2-T]$。此时，雇主的合理策略是"合作"。

综合而言，在模型的"具有约束机制和激励机制的博弈关系"中，最可能出现的博弈均衡结果是（合作，合作）。这正好是我们期望实现的理想状态，它意味着雇主愿意提供较高工资和改善工作环境，而雇员愿意努力工作和创造更多社会财富。

3. 博弈模型的现实价值

回顾我们对基本模型的两次调整，博弈均衡结果得到逐步改善：①第一次改善是律师协会对律师事务所增加约束机制，使律师事务所或雇主更倾向于选择"合作"策略。②第二次改善是在继续保持约束机制的基础上，增加律师协会对普通律师的激励机制，使普通律师或雇员也更倾向于选择"合作"策略。

在转型期中国社会的现实场景中，律师协会的相关规定确实具有激励约束功能。主要表现在：①在约束机制方面，律师协会可以要求各个律师事务所对所辖普通律师们进行具体管理。在律师事务所没有明确卸责原因的条件下，如果因为普通律师的违规行为造成客户损失，将由律师事务所先对客户进行全额赔偿，然后再在律师事务所内部进行责任划分。②在激励机制方面，律师协会为普通律师提供了职业发展的通道。当普通律师的职业发展到一定程度时，他就可能成长为所在律师事务所的合伙人，甚至独立开办律师事务所，其身份特征就由单纯的个人会员转变为团体会员的代表者，其个人收益将不仅包括劳动收益，还包括一部分资本收益。

三、律师协会的维权条件

作为劳动者集体组织的一种重要样本，律师协会应当维护普通律师的经济利益和基本权利。我们将从两方面来探讨转型期中国律师协会的维权条件：①短期方面强调律师协会的具体行动资源。②长期方面强调律师协会的制度安排和组织发展理念。

（一）律师协会的短期行动资源

任何社会组织都不能离开它所处的特定社会经济环境，其组织行动能力依赖于它对各种社会经济资源的获取能力和整合能力。律师协会的短期行动能力取决于它能否采取合适的行动策略，尽可能调动更多社会经济资源来增强组织运行效率。这些社会经济资源主要包括以下三种。

1. 正式规则

针对律师们的专业行为和劳动者权利，国家司法机构和律师协会都强调为律师们提供正式规则。它是法治思维在转型期中国律师行业领域的具体体现，也是中国特色法治社会的重要基础。具体包括以下三点。

（1）律师协会规定。律师协会规定对律师们的从业活动进行直接约束，这是律师领域的所有从业者必须共同遵守的行业规则，如中华全国律师协会章程》。律师协会成员必须在行业规则范围内履行特定责任，如此才能享有相应权利。

（2）专门法律。专门法律往往是行业规则的基础，如《律师法》就是专门针对律师领域从业者的正式法规。与《中华全国律师协会章程》相比，它具有更高法律效力。

（3）普适性法规。普适性法规对普通律师的普适性身份进行适当规范，普通律师们又属于广义范畴的劳动者，则《劳动法》《劳动合同法》等普适性法规对劳动者的经济利益和基本权利都有着详细规定。从这个角度来看，普通律师与企业员工具有相似性质，律师协会和各种工会组织属于劳动者集体组织，它们对应着不同类型的劳动者群体。

2. 行政部门

行政部门支持力量源于中华人民共和国的特殊国情。我国规定："中华人民共和国是工人阶级领导的、以工农联盟为基础的人民民主专政的社会主义国家。"这就表明劳动者利益占据着重要位置。在中国共产党十九大提出的"新时代中国特色社会主义思想"体系中，尊重劳动者权利和维护劳动者利益始终是国家发展的基本立足点。行政部门的这种价值取向将会深刻影响转型期中国律师协会的实践策略。特别是在中国社会经济体制转型的过程中，律师协会既要服务于地方经济建设，又要高度关注地方政府对社会发展和公众利益的态度转变，通过借力来不断增强律师协会的组织行动能力。

3. 行业力量

本书认为，如果说政府机构的影响范围是整个宏观经济体系，我们将之视为整体；那么单个企业更加关注微观组织自身，我们将之视为个体；而在整体与个体之间还应该有集体，其典型代表者就是各种行业力量。劳动者集体组织的组织基础是各种类型劳动者，他们的最重要特征是共同身份，尤其是在同一行业领域中工作。律师协会的组织基础就是数量众多的普通律师，他们都是律师行业的从业者，也是律师行业力量的微观基础。随着转型期中国律师行业力量的不断发展，普通律师们的社会地位和经济利益不断得到提升，这就为转型期中国律师协会维护本行业劳动者利益提供了难得的时代契机。

（二）律师协会的长期有效运行条件

根据中国学者罗宁的观点，产权制度和组织制度是劳资关系制度体系中的基础性制度，劳资产权制度的平等和组织制度的平衡是劳资关系由冲突走向合作的关键所在[1]。沿着这种思路，转型期中国律师协会的长期有效运行条件主要包括两方面：①产权制度的平等性；②行业组织内部力量的平衡性。

1. 产权制度的平等性

产权制度的平等性是和谐劳动关系的制度基础。这种平等性并不是意味着雇员力量和雇主力量完全相同，而是强调两者在不同前提条件下求同存异，通

---

[1] 罗宁. 中国转型期劳资关系冲突与合作研究——基于合作博弈的比较制度分析[M]. 北京：经济科学出版社，2010.

过谈判来实现它们的地位平等。例如，对于行业发展的重大事项，雇员力量和雇主力量应当都具有平等话语权，这样才能建立行业健康发展的长效机制。

在前文运用博弈模型探讨律师协会的运作效率时，"具有约束机制和激励机制的博弈关系"模型的重要前提条件是律师事务所的部分产权被转移给普通律师，这就使得普通律师不仅能够获得劳动收益，还能获得一部分律师事务所的资本收益，从而提高普通律师们的工作积极性。

进而言之，合理设计的产权制度能够帮助转型期中国社会逐步建立良性的激励和约束机制，不断推动各行业的健康运行，从而实现中国社会经济的持续稳定发展。从这个角度来看，产权制度变革不仅仅着眼于"蛋糕分配"，更着眼于促使雇员力量和雇主力量联合起来推动行业发展，最终实现"蛋糕做大"和谋求行业共同利益最大化。如果用博弈论的学术语言来说，即雇员和雇主之间的博弈活动不是零和博弈，而更可能是追求行业利益最大化的正和博弈。

2. 行业组织内部力量的平衡性

如果说产权制度决定着劳动关系的真实内核，那么行业组织的内部组织结构则深刻影响着组织成员们的行为特征。行业组织结构的核心问题是平衡行业内部的各种不同利益群体，其关键是设计利益协商机制及激励和约束机制。通过设计行业组织内部的利益协商机制及激励和约束机制，能够积极调动各种利益群体力量团结起来，共同推动行业发展和谋求行业整体利益的最大化。

考察转型期中国社会的律师行业领域，律师协会无疑在协调行业内部的利益冲突过程中具有重要作用。通过协调普通律师和律师事务所之间的利益冲突，妥善处理律师行业内部的各种利益群体之间关系，律师协会努力将律师行业的各种群体力量整合起来，争取实现律师行业整体利益的最大化。在构建利益协调机制及激励和约束机制的过程中，律师协会合理规定各种利益群体的权利范围和责任边界，要求它们按照行业准则来进行自觉约束和积极参与行业活动。与之相对，律师协会也尽可能提供更加丰富的信息服务和培训服务，以不断提升普通律师的职业素养，增强律师协会对普通律师和律师事务所的吸引力。

进而言之，本书认为，从劳动者集体组织的整体利益角度来看，行业组织发展不能仅仅局限于维护雇主利益或者雇员利益，而应当努力促进行业内部各种利益群体之间的相互尊重和相互支持。雇员和雇主都是行业发展的重要力量，两者之间的差异仅仅体现为不同社会分工，但它们没有地位高低差异。正因此，类似律师协会的各种劳动者集体组织应当超越维护劳动者利益的范围限制，努力成为协调雇员力量和雇主力量的重要组织载体，使雇员和雇主在求同存异的前提下减少意见分歧，从而谋求行业整体利益最大化和推动行业整体的持续稳定发展。

第六章 转型期中国劳动者集体组织发展路径的解释框架

虽然前文详细分析了转型期中国劳动者集体组织的三种重要样本，并且获得了大量相关知识片段，但本书的写作意图是将这些零散的知识片段整合成较为完整的理论框架，以此解释"转型期中国劳动者集体组织的发展路径"命题，并探究中国社会经济体制转型的演进过程。针对"转型期中国劳动者集体组织发展路径"命题，本书将着重探讨理论解释框架的三个层面：①转型期中国劳动者集体组织的生成机制；②转型期中国劳动者集体组织的持续发展机制；③新时代中国特色社会主义背景下的中国劳动者集体组织未来发展方向。

第一节 转型期中国劳动者集体组织的生成机制

根据大量田野调查资料，转型期中国劳动者集体组织主要有三种生成机制：①效率机制，它强调由民间力量逐渐凝聚而构建松散型劳动者集体组织，其产生路径方向是自下而上。②合法性机制，它强调依靠行政部门权威而构建正式组织，其产生路径方向是自上而下。③社会网络机制，它强调充分调用多种社会资源而构建行业组织，且往往在某些行业领域具有极强行动优势，其产生路径方向是辐射状。

一、转型期中国劳动者集体组织的生成机制之一：效率机制

根据现代经济学的观点，人们总是希望运用更有效率的活动方式来进行社会生产活动，这是各种社会经济组织产生的初始原因。劳动者集体组织也是人们谋求更有效率的活动方式的结果：劳动者集体组织的行动目标是维护劳动者群体利益，当某种组织形态的维权成本较低时，它就会逐渐成为劳动者群体更愿意接受的组织形态，由此就会导致某种组织形态逐渐萌芽和发展起来。

（一）效率机制的经济学基础

"效率机制"命题主要涉及两个经济学流派：①新古典经济学；②制度经济学。

1.新古典经济学的观点

新古典经济学的效率机制观点源自传统经济学的经济人假设，即人们总是在一定权利界限范围内谋求自身利益最大化。新古典经济学认为，组织是市场的替代形式，其目的是改善资源配置和资源利用状态。转型期中国劳动者集体组织应当是代表劳动者们利益的集体组织形式，它着眼于将数量众多的单个劳动者们凝聚为劳动者集体组织行动，其行动目标是以尽量小的组织行动成本来实现劳动者群体利益最大化。

在新古典经济学的理论框架内，美国学者钱德勒（Chandler）专门从效率机制角度提出组织产生原因。钱德勒在专著《规模与范围》中提出，组织产生的主要原因是规模经济和范围经济：①规模经济强调在组织规模收益递增的情况下，组织规模扩张能够有效降低单位产品的分摊成本。②范围经济则强调组织成本降低的有效途径是不断扩大集体组织的生产领域和服务范围。

本书认为，从效率机制角度来看，转型期中国劳动者集体组织的产生原因受到两项因素影响：第一项因素是规模经济，这意味着劳动者集体组织可以通过更多劳动者们的联合行动来有效降低组织维权成本。第二项因素是范围经济，这意味着劳动者集体组织能够借助不断扩大影响范围来争取更多社会公众关注

和社会经济资源,不断增强自身在劳动关系博弈中的话语权。

2.制度经济学的观点

根据新古典经济学的观点,在相似社会经济环境中的组织形态应当具有高度相似性。但在现实场景中,我们却经常发现相同行业领域中的各种企业形态具有较大差异。例如,通用汽车公司的组织形态像"帝国",而丰田汽车公司的组织形态则像"网络合同"。针对这个问题,制度经济学的奠基人科斯(Coase)提出交易成本概念,以解释不同企业组织形态的交易费用差异。1975年,美国学者威廉姆森(Williamson)则在专著《市场和等级制度》中提出,跟组织产生密切相关的核心概念主要有以下两项。

(1)有限信息和不确定性。通常情况下,人们做出合理决策的首要条件是"完备的信息基础",但真实世界中人们的信息基础是残缺的,这就导致人们很难通过市场交易实现自身利益最大化。信息基础缺陷的主要原因是:①有限信息,即人们不能完全知晓过去和现在发生的所有事情。②不确定性,即未来社会变化是人们无法预料的。

正是由于真实世界中的有限信息和不确定性,人们不得不通过企业组织对市场机制进行补充,或者说企业组织是市场机制的替代形式。同样道理,在转型期中国社会的现实场景中,劳动者集体组织与劳动力市场之间具有高度替代性。劳动者集体组织的信息优势主要体现在:①劳动者集体组织更容易了解劳动者们生产和生活的现实状态。②劳动者集体组织更容易知晓劳动者们的具体利益诉求目标。

(2)有限理性。人们做出合理决策的第二项条件是"充分理性",这就要求人们具有利用信息的足够能力,即完备的知识基础。但是,许多市场交易主体面临着有限理性局面,改变这种局面的有效措施之一是集体交易。在集体交易过程中,人们可以挑选出具有更强判断能力、更丰富交易经验、更深厚知识基础的代表者,由他作为集体代言人进行集体交易决策,从而降低有限理性的负面影响。在转型期中国社会的现实场景中,劳动者集体组织应当着眼于培养专职工作人员，随着他们的理论知识和实践经验不断丰富，劳动者集体组织的组织行动将会比单个劳动者的独自行动具有更高效率。

（二）效率机制的图解

效率机制强调自下而上的劳动者集体组织生成机制，其作用场景是市场竞争较充分和社会组织形式较发达的社会经济环境，具体图解描述如图6-1所示。

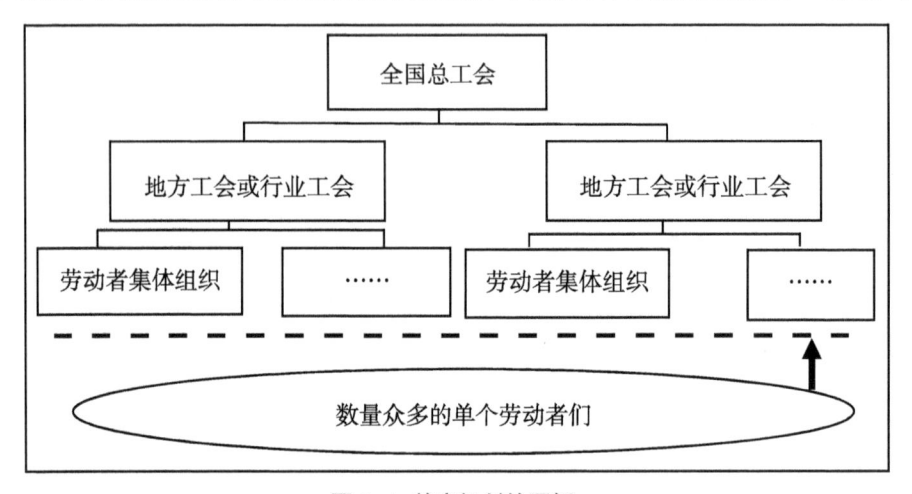

图 6-1 效率机制的图解

根据图6-1的图解，在坚持转型期中国工会组织管理体系的前提条件下，效率机制的主要作用环节是由数量众多的单个劳动者们转变为劳动者集体组织。换言之，我们必须始终坚持全国总工会对地方工会或行业工会的宏观管理，而本书研究命题则主要关注微观层面上的劳动者集体组织。

转型期中国劳动者集体组织的最底层是数量众多的单个劳动者。从效率机制角度来看，由数量众多的单个劳动者们转变为劳动者集体组织的过程，实质上就是由人多到势众的过程；它能够把劳动者群体的数量优势转变为劳动者集体组织的组织行动能力，从而更有效地维护劳动者群体利益。需要强调的是，由下一层级到上一层级的整合过程应当坚持求同存异原则，这就要求劳动者集体组织应当在尊重劳动者个体利益和诉求分歧的基础上，努力谋求所有劳动者的利益诉求之最大公约数。

二、转型期中国劳动者集体组织的生成机制之二：合法性机制

如果说效率机制源自经济学和经济环境，那么合法性机制则源自政治学和社会学，更加强调社会制度环境影响。根据合法性机制的解释，劳动者集体组织应当符合国家法律和行业规定，由此获得政府机构的认可和支持。

（一）合法性机制的政治学和社会学基础

1. 迈耶、韦伯、涂尔干的观点

（1）迈耶（Meyer）的观点。法国学者迈耶认为，任何社会组织必然是特定社会制度环境的产物，适应特定社会制度环境要求的社会组织就具有合法性。这里的合法性不仅指法律制度的作用，还包括文化氛围、社会观念、公众期待等社会制度环境因素。无论哪种类型的劳动者集体组织形式，它们必须尽量符合国家法律和行业规定，才能取得合法组织地位和正式组织形式。

（2）韦伯（Weber）的观点。德国学者韦伯认为，合法性机制的力量源泉来自三方面：①领导者的个人魅力；②文化传统；③法律理性。这三种组织生成路径意味着，任何社会组织都必须依靠组织形态与社会环境的匹配性。这里的社会制度环境取决于各种因素，包括民族习俗、文化传统、政治制度、法律制度等。例如，一些地缘型劳动者集体组织和一些行业型劳动者集体组织的建立原因主要是组织创建者的个人能力和人格魅力，而这些"英雄人物"往往是转型期中国社会环境变化的必然结果。

（3）涂尔干（Durkheim）的观点。法国学者涂尔干认为，人们愿意联合起来采取集体行动的主要原因是他们的共享知识。共享知识能够促进社会分工和社会发展，这就使得人们能够建立起合法性制度和各种行为规范。沿着这种思路，数量众多的单个劳动者们愿意结成劳动者集体组织，其重要原因之一就是他们的共同身份特征、生活场景、价值观念；这些因素使得相同地域范围或相同行业领域的劳动者拥有共享知识。

2. 迪马奇奥和鲍威尔的观点

既然社会制度环境能够影响社会组织产生,那么社会组织应当如何响应社会制度环境要求呢？针对这个问题,美国学者迪马奇奥(DiMaggio)和美国学者鲍威尔(Powell)从组织趋同性角度进行解释。他们认为,特定社会制度环境中的合法性机制将会产生强烈激励效应,引导各种社会经济组织接受社会环境赋予的各种角色定位,使得这些社会经济组织呈现相似行为特征和相似组织结构。

在迪马奇奥和鲍威尔的解释框架内,组织趋同性的主要原因是:①硬机制,如每个律师都必须严格遵守国家法律和律师协会的行业规定。②仿机制,因为模仿其他同类型组织的成功做法,在充满不确定性的社会场景中能够有效减小组织运行失败的概率。③社会规范机制,如许多医疗机构往往具有高度相似的组织结构特征。

转型期中国劳动者集体组织的各种类型都具有高度组织趋同性,因为它们的集体组织行动目标都是维护劳动者群体的经济利益和基本权利。需要强调的是,由于国有企业工会的人员分工范围和职责界限较清晰,组织结构较完善,所以它往往成为其他类型劳动者集体组织的模仿对象。正如前文所言,签订劳动者集体劳务合同也是劳动者集体组织彰显自身合法性的重要手段；正是通过合法性机制提供的显示机会,一些劳动者集体组织能够不断强调其存在价值。

3. 哈恩的观点

为什么同类型社会组织可能会采取不同组织形式呢？德国学者哈恩(Hahn)从制度学派和社会网络学角度提供了另一种解释。在承认合法性机制的基础上,哈恩认为社会组织的合法性与组织规模密切相关,不同组织规模的社会组织具有不同合法性要求,这就会导致不同规模的同类型组织采取不同组织形式。具体而言：①如果组织规模越大,其合法性地位就会越高,它就越不在乎别人的看法,其组织形式将更具有独特性。②如果组织规模越小,其合法性地位就会越低,它就更需要通过模仿其他成功组织来证明自身合法性,因此其组织形式将会高度趋同于现有成功组织。

本书认为，转型期中国劳动者集体组织的不同组织形态恰恰表明其合法性地位的差异：①以国有企业工会为代表的行政型劳动者集体组织是一个极端，它们能够得到较多政府力量支持。②以农民工组织为代表的地缘型劳动者集体组织则是另一个极端，由于它往往不具备正式组织要求的制度条件，所以通常较难获得政府支持和社会认可。③介于两者之间的是以律师协会为代表的行业型劳动者集体组织，它的存在原因主要源自其专业技术特性。

（二）合法性机制的图解

根据合法性机制来解释中国劳动者集体组织的生成机制，其理论逻辑基础是政治学和社会学。社会学强调特定经济环境和社会制度环境的影响，而政治学强调政治体制和行政管理制度的影响。根据政治学和社会学的基本观点，劳动者集体组织的合法性机制将会呈现由内向外的圈层扩散效应，如图6-2所示。

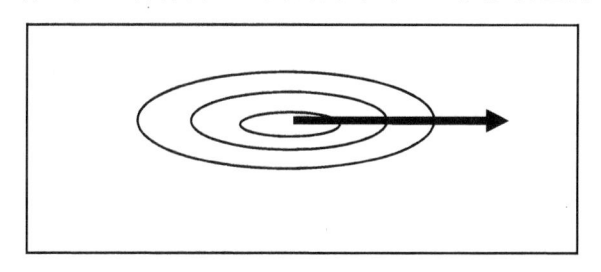

图 6-2 合法性机制的图解

1. 合法性地位

毫无疑问，政治权威和政党利益处于圈层结构的核心位置。图6-2的图解表明：①靠近核心位置的社会经济组织具有更强合法性，它能够得到更多政府支持和社会认可。②随着圈层结构不断地向外扩散，社会组织拥有的合法性效力将会逐渐递减，它能够得到的政府支持和社会认可也将会逐渐减少。在转型期中国社会的现实场景中，各种劳动者集体组织在上述圈层结构中的位置分别为以下三种。

（1）行政型劳动者集体组织的重要样本是国有企业工会，它位于圈层结构中的核心位置，其合法性最强。在现有中国社会的政治生态环境中，围绕全国总工会形成的工会组织管理体系属于国家承认的八大重要"人民团体"之一，它是中国国家政治体制的重要组成部分。因此，以国有企业工会为代表的行政型劳动者集体组织往往能够获得更多政府支持。

（2）地缘型劳动者集体组织的重要样本是农民工组织，它位于圈层结构中的边缘位置，其合法性最弱。例如，一些农民工组织是临时或偶然产生的，它是某次具体维权行动的现实要求，当这次维权行动结束之后，相应的农民工组织往往就会消失。地缘型劳动者集体组织往往不符合正式组织的各项要求，它们没有固定办公地点，没有完善的组织章程，甚至没有到相关政府部门进行登记注册。因此，地缘型劳动者集体组织较难获得政府机构的认可和支持。

（3）行业型劳动者集体组织的重要样本是律师协会，它位于圈层结构中的过渡地带，其合法性介于行政型劳动者集体组织与地缘型劳动者集体组织之间。例如，律师协会是整合行业力量和提升律师执业能力的重要组织载体，它往往能够获得行业主管部门支持和行业从业人员认可。通常情况下，行业型劳动者集体组织的政治地位低于行政型劳动者集体组织，其组织运行机制则以行业自治和政府宏观管理结合居多。

2. 组织行动资源

（1）行政型劳动者集体组织能够得到的组织行动资源较多。例如，国有企业工会的人员经费和办公经费通常由各级政府机构直接划拨，国有企业工会举办的各项活动也更容易得到上级工会部门的政策支持。

（2）地缘型劳动者集体组织能够得到的组织行动资源较少。由于不具备正式组织形式，地缘型劳动者集体组织较难得到政府支持和社会认可，它争取组织行动资源的困难程度较高。需要注意的是，在转型期中国社会的演进过程中，随着越来越多中国农村剩余劳动力转移到城市地区和非农产业，农民工维权问题日益成为中国社会公众的关注焦点。我们可以设想，政府部门和各种社会力量对农民工组织的支持力度将会逐渐增强。

（3）行业型劳动者集体组织往往是相关行业管理部门的下属机构，其组织行动资源主要取决于行业发展程度。例如，在转型期中国社会的市场经济体系发展过程中，律师行业的发展程度不断提高，这就使得律师协会具有越来越高的社会重要性，它能够得到的社会经济资源也越来越多。

三、转型期中国劳动者集体组织的生成机制之三：社会网络机制

社会网络机制的基本观点是：人们总是处于特定社会关系网络中的特定位置，其特定位置影响着人们的价值观念和行动策略。在转型期中国社会的现实场景中，由于劳动者们的行业领域、职业工种、家庭出身等因素差异，导致他们拥有不同社会地位和经济地位。同时，基于不同类型劳动者群体，各种不同类型劳动者集体组织共同参与营造了转型期中国劳动关系的复杂"生态环境"。

（一）社会网络机制的社会学基础

1. 齐美尔的观点

德国学者齐美尔（Simmel）认为，社会网络对人们行为的影响主要涉及两个层面：①人们在特定社会网络中的位置特征将会构成其行为选择的约束条件。②人们在社会网络中的位置特征将会影响其行为选择的自由程度。换言之，约束条件和自由程度源自人们在社会网络中的特定位置，它们深刻影响着人们进行意见表达的具体方式，进而影响着人们的行动方式和集体组织形式。

2. 格兰诺维特和乌泽的观点

（1）格兰诺维特（Granovetter）的观点。1985年，美国学者格兰诺维特提出"内嵌性"概念，强调社会网络结构对人们的制约影响。其主要观点包括两个层面：①社会网络结构将某些社会关系"内化"为人们的行为准则，它能够解释一些特殊社会现象，如雷锋精神。②社会网络结构将会限制人们的信息范围，进而限制人们的思考方式和行为特征。例如，由于信息范围差异，不同类型的转型期中国劳动者集体组织的组织行动往往具有不同路径依赖特征。

（2）乌泽（Uzzi）的观点。在继承社会网络结构理论的基础上，乌泽对社会关系网络的"强关系"和"弱关系"进行大量实证研究。这里的"弱关系"

主要指偶然发生的社会关系；这里的"强关系"则强调不同组织机构之间的紧密联系。"强关系"能够使不同组织机构有效减少组织之间的交易费用；"弱关系"则有助于人们获取新知识和新信息，使得各种组织机构能够根据外部环境变化而采取组织变革行动。在转型期中国社会的现实场景中，劳动者集体组织应当同时重视"强关系"和"弱关系"的重要作用。换言之，劳动者集体组织与政府部门、企业单位、政党组织应当保持适当距离，如此劳动者集体组织方能最大限度地争取广大劳动者、政府、社会各界提供的组织行动资源，从而切实维护劳动者群体利益。

3. 博特的观点

1992年，美国学者博特（Burt）提出"结构洞"理论，深入分析社会网络的功利性和工具性。博特的基本观点是：①社会网络是一种社会资本。②人们可以通过推动社会网络发展来提高自身社会地位和经济地位。③社会网络中的"结构洞"是没有重复信息源的独特位置，它能够最大限度地调动各种资源。在转型期中国社会的现实场景中，"结构洞"的特殊性意味着特定劳动者集体组织的特殊性。特定劳动者集体组织应该着眼于维护特定劳动者群体的经济利益和社会权利，特定劳动者群体往往高度依赖于特定劳动者群体，将它们视为自己的代言人。

（二）社会网络机制的图解

根据社会网络机制来解释中国劳动者集体组织的生成机制，分析重点是各种类型中国劳动者集体组织在社会网络中的位置差异和能力差异。由于政治体制、行业领域、地域范围、家庭出身等多重因素的影响，不同单个劳动者们的社会网络位置必然存在着很大差异，如图6-3所示。

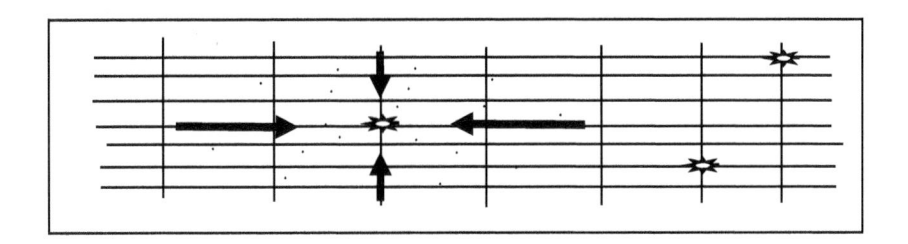

图 6-3 社会网络机制的图解

1. 社会网络节点的重要性

从图 6-3 中看，特定社会网络中存在着很多大大小小的节点，它们是联结周边社会经济资源的重要纽带，也是社会经济体系中发挥着重要作用的各种社会经济组织。如果某种社会经济组织对应的节点越大，那么它在社会网络中就具有越大的重要性和越高的社会地位。在转型期中国社会的现实场景中，不同类型的劳动者集体组织对应着不同社会网络节点，具体情况如下。

（1）行政型劳动者集体组织的重要样本是国有企业工会，它们对应的节点主要分布在中国社会网络中的重要位置，并且节点形状普遍较大。这意味着行政型劳动者集体组织是对国民经济体系具有很强影响力的正式组织，它们在中国社会经济活动中具有很高社会地位。事实上，在转型中国社会的庞大社会网络体系中，国有企业工会和国有经济成分确实具有很强重要性，行政型劳动者集体组织也是不可忽略的重要社会力量。特别是在劳动者利益逐渐凸显的现实背景下，行政型劳动者集体组织将会深刻影响着中国社会经济体制转型进程。

（2）地缘型劳动者集体组织的重要样本是农民工组织，它们对应的许多节点零散分布在中国社会网络之中，这些节点普遍较小。以农民工组织为例，这种判断的主要理由是：①单个农民工的个体谈判力量很弱。在多重现实因素的影响下，许多农民工更关注工作机会和工资标准，而无暇顾及其他劳动权利。②农民工组织往往不符合正式组织要求，它们没有固定经营场所和完善章程规定。因此，它们很难获得社会各界的认同和支持，组织行动资源也相对匮乏。

（3）行业型劳动者集体组织的重要样本是律师协会，它们对应的节点也零散分布在中国社会网络之中。由于行业领域、领导人能力、地域环境等因素差异，各种行业型劳动者集体组织对应着的不同节点具有显著差异，有些节点较大，有些节点较小。以律师协会为例，律师协会对应的节点大小与地域环境、领导人能力具有密切关系。通常情况下，经济发达地区的律师协会发展较好，以及由著名律师担任领导职务的律师协会发展较好。

2.社会网络机制的现实基础

根据社会网络机制分析，我们能够判断某种劳动者集体组织形态在社会经济系统中的重要性。传统社会经济场景是金字塔形的科层组织结构，处在科层组织结构的顶端位置是领导者，它拥有更多资源，并据此具有很强话语权。但在社会网络机制描述的场景中，金字塔形的科层组织正在逐渐被扁平型组织替代。以信息传播机制为例，人们的信息获取途径不再是上级科层组织发布的各种命令，也不再是官方媒体筛选后的各种公开信息，更可能来自朋友圈、微信、网络平台等，这就使得信息获取渠道的维度和范围被极大扩展。

在转型期中国社会的社会网络结构中，各种社会组织的生存价值大小将不再取决于它们在科层组织结构中的地位高低，而要看它能否为组织成员提供更多和更好的组织服务内容。正如图6-3所示，如果某个劳动者集体组织能够为组织成员提供更多和更好的组织服务内容，那么它在社会网络中的对应节点将会变得更大，这种劳动者集体组织的生存价值也就会越高。

四、三种生成机制的比较

前面详细分析了中国劳动者集体组织的三种生成机制：①效率机制；②合法性机制；③社会网络机制。在转型期中国社会的现实场景中，这三种生成机制可能同时影响着各种类型劳动者集体组织，那么它们之间的关系如何呢？

（一）三种生成机制的共同特点和差异之处

1.共同特点

效率机制、合法性机制、社会网络机制都着眼于增强组织运行能力，其目的都是更好地实现组织行动目标。虽然转型期中国劳动者集体组织可能具有丰富复杂的多种组织形态，但所有劳动者集体组织的行动目标都是"维护劳动者集体利益"。上述三种生成机制都不断强调劳动者集体组织的行动目标和组织运行成本，它们的共同期望是：以最低代价来整合组织行动资源和实现组织行动目标，不断增强该劳动者集体组织的组织行动能力和社会生存价值。

2. 差异之处

转型期中国劳动者集体组织的三种生成机制具有显著差异。主要表现在：①源于经济学理论的效率机制强调组织运行效率，它关注劳动者集体组织的成本与收益比较。②源于政治学和社会学理论的合法性机制强调劳动者集体组织的合法性基础，要求劳动者集体组织符合正式组织的各项制度条件，并服从国家法律和行业规定。③源于社会学理论的社会网络机制强调各种社会经济组织的资源调动能力和社会影响力。本书认为，转型期中国劳动者集体组织的多重生成机制恰恰反映出转型期中国劳动者集体组织产生的多重可能性，这也恰好符合转型期中国劳动者群体不断分化的现实特征。

（二）三种生成机制之间的替代关系和互补关系

1. 替代关系

在转型期中国社会的现实场景中，三种生成机制可能分别针对各自不同的劳动者集体组织。三种生成机制之间可能存在着竞争关系或替代关系。某种类型劳动者集体组织可能主要受到其中某种生成机制影响，而其他两种生成机制则只有次要影响。例如，许多国有企业工会的主要生成机制是合法性机制，许多农民工组织的主要生成机制是效率机制和社会网络机制，许多律师协会的主要生成机制则是社会网络机制。

2. 互补关系

虽然某种类型劳动者集体组织往往主要受到某种生成机制影响，但其他生成机制对组织产生过程也具有重要作用。例如，某个国有企业工会组织的主要生成机制是合法性机制，但它还需要高度关注社会网络机制的重要影响，因社会网络机制能够帮助该国有企业工会组织获得更多组织行动资源。

即使是相同类型的劳动者集体组织，由于地域环境、地方政府态度、劳动者职业身份等因素不同，它们的主要生成机制也可能存在着差异。以律师协会为例，不同律师协会的主要生成机制具有差异：①一些律师协会强调将数量众多的单个普通律师整合起来，将人多转变为势众，不断增强律师协会的集体行动能力和推动律师行业整体发展，其主要生成机制是效率机制。②一些律师协会的主要产生原因是地方政府机构部门和相关上级部门的积极支持，其主要生成机制是合法性机制。③一些律师协会的主要产生原因是地区经济发展对法律服务的需求不断增多，其主要生成机制是社会网络机制。

第二节　转型期中国劳动者集体组织的持续发展机制

当某个劳动者集体组织产生之后，它如何才能持续健康发展下去呢？针对这个问题，本书主要从三个角度进行考察：①组织服务对象角度，强调社会合理性与行政合法性；②组织结构安排角度，强调约束机制与激励机制；③集体组织行动能力角度，强调外部赋权和内部赋权。

一、组织服务对象：社会合理性与行政合法性

根据大量田野调查资料，一些劳动者集体组织是社会呼吁的结果，而另一些劳动者集体组织则是响应政府号召的结果。这就使得我们关注劳动者集体组织的服务对象，并由此引申出社会合理性和行政合法性问题。

（一）社会公众的认可：社会合理性

劳动者集体组织必须满足劳动者群体的利益要求，这就决定着劳动者集体组织应当将劳动者群体确定为服务对象。进而言之，任何社会组织都必须满足特定环境中的特定社会经济主体的某种特定需求，这三个"特定"体现出劳动

者集体组织的特殊性，也体现出该劳动者集体组织能够实现社会经济体系的特殊要求，这就是其社会合理性。在转型期中国社会的现实场景中，如果将所有劳动者视为整体，那么某些行业领域或者某些地域范围的劳动者群体就是局部，特定的劳动者集体组织恰恰就是专门服务于这个局部。换言之，对这个局部而言，该劳动者集体组织具有社会合理性。

同时，社会合理性与社会公众的认可程度具有密切关系。通常情况下，如果某个劳动者集体组织能够让更多劳动者满意，或者能够让这部分社会公众的满意程度更高，那么它就会具有越强的社会合理性。由此可见，劳动者集体组织的社会合理性强调基层服务对象，其眼光是向下的。某个劳动者集体组织的群众基础越深厚，社会影响范围越广泛，它就能获得越多组织行动资源，从而更好地实现劳动者集体组织的行动目标。

（二）政府力量的支持：行政合法性

"行政合法性"意味着某个劳动者集体组织能够符合相关国家法律和行政规定，它能够满足正式组织的制度安排要求。由于国家法律和行业规定往往体现着国家意志，它是政治经济体制和意识形态领域的延伸，因此行政合法性往往反映着国家意志对这种集体组织形式的基本态度。劳动者集体组织在我国政治经济体制中具有重要地位，以国有企业工会组织为例，它被纳入以全国总工会为中心的工会组织管理体系之中，且工会属于"八大社会团体"之一，所以国有企业工会组织能够得到国家法律认可，它举办的各项工会活动也更容易得到政府部门支持。

值得注意的是，并非所有劳动者集体组织都能取得行政合法性。例如，一些农民工组织不符合正式组织的基本要求，它们没有固定活动场所和组织章程，甚至没有到相关政府部门进行登记，因此它们不能够获得行政合法性，也不能够得到政府机构的认可和支持。

同时，行政合法性与政府支持态度具有密切关系。通常情况下，如果某个劳动者集体组织能够更积极响应政府号召，能够更符合现行政策方向，那么它就会具有越强的行政合法性。进而言之，劳动者集体组织的行政合法性强调组织行动方向与现行政策方向的契合度，其眼光是向上的。

（三）社会合理性和行政合法性的统筹兼顾

如果某个劳动者集体组织能够同时满足社会合理性和行政合法性，那么它就能够同时得到来自社会公众和政府机构的双重支持，它就能够更好地实现组织行动目标。

但是在转型期中国社会的现实场景中，大多数劳动者集体组织很难同时拥有很强的社会合理性和很强的行政合法性；这就对这些劳动者集体组织提出了组织变革要求，其组织变革过程往往就是补短板的实践过程：①对社会合理性较强而行政合法性较弱的那些劳动者集体组织而言，组织变革的重点是增强行政合法性，应当根据国家法律和行业规定来努力完善组织体系，以争取政府机构的认同和支持。②对行政合法性较强而社会合理性较弱的那些劳动者集体组织而言，组织变革的重点是增强社会合理性，应当积极开展形式多样和内容丰富的工会组织活动，注重工会工作的实际效果，切实维护本单位劳动者的切身利益，以争取获得更多劳动者的信任和支持。

二、组织结构：激励机制与约束机制

曾经有人这样描述激励机制与约束机制：如果想让一头牛往前走，那么激励机制就是草，这头牛往前走就能得到草或奖赏；约束机制就是大棒，这头牛往后退就会遭遇大棒或惩罚。根据制度经济学的基本观点，激励机制与约束机制是组织结构中的最重要内容，它与制度环境之间的契合度深刻影响着集体组织的行动能力，进而影响着组织行动目标的实现程度。

（一）组织结构与制度环境的静态匹配

这里的组织结构涉及组织内部的分工体系、组织成员之间的相互关系、组织成员的协作方式等诸多方面。这里的制度环境则涉及多重因素：①社会经济发展程度和企业发展形势，特别是社会经济环境引起的劳动者群体分化。②中国政治体制环境，主要强调社会主义国家应当高度重视维护劳动者利益。③社会文化氛围，如一些农民工组织受"不轻易起诉"的乡规民俗影响，它们不会轻易动用法律诉讼途径来进行劳动者维权行动，而更加重视协商机制和民间纠纷调解机制。

同时，组织结构是相对比较稳定，而制度环境则是不断变化的。因此，组织结构与制度环境的匹配是偶然发生的，而组织结构与制度的不匹配则具有必然性。然后，在制度环境变化达到临界值之前，原有组织结构可能仍然具有基本适应性。这里的"基本"意味着特定组织结构既有制度优势，也有制度劣势，且人们对制度优势与制度劣势进行权衡，最终判断这种组织机构是否需要改变。

需要强调的是，唯有认真分析这种组织结构特征"有利于什么"和"不利于什么"，我们才能更好地理解它"为什么是现在这样"，这就帮助我们更好地辨别特定场景中的劳动者集体组织应该采取哪种组织形式。

（二）组织结构与制度环境的动态适应

制度环境变化是必然趋势，因为"唯一不变的是变化"。根据量变引起质变的基本规律，在量变达到临界值之前，原有组织结构与制度环境仍然是基本适应的。但当制度环境变化超过一定限度之后，原有组织结构可能就不再适应于新环境，这就会必然产生对组织结构进行动态调整的现实需求。

进而言之，组织结构与制度环境的动态适应关系正好体现着历史演进过程。任何现实状态都是两种趋势综合的结果：①历史惯性，它倾向于重复以前发生的事情；②现实因素试图让目前状态脱离惯性，它倾向于偏离以前历史轨道。如果用生物学语言来描述，第一种趋势属于"遗传"力量，第二种趋势属于"变异"力量，它们的共同作用使我们看到目前的现实状况。

以劳动者集体组织为例，在转型期中国社会的现实场景中，我们通常将许多劳动者集体组织冠以工会组织名称，因为在社会公众和政府机构的认知范围内，工会组织是维护劳动者利益的最重要组织形式。这就是"遗传"力量的体现。随着中国社会经济环境的剧烈变化，社会公众和政府机构对劳动者集体组织的看法也逐渐发生变化，这就要求工会组织适当调整自身组织结构。这就是"变异"力量的体现。

同时，任何社会经济组织的组织变革，意图都是提高组织结构与制度环境之间的适应程度。如果组织变革能够实现预定目标，那么该组织将会重新焕发活力和获得"新生"。如果组织变革不能实现预定目标，甚至没有进行组织变革，那么该组织将会逐渐偏离人们对这种组织的期望，越来越多的人将会"抛弃"这种组织，而这种组织也将会逐渐走上"消亡"之路。

三、集体组织行动能力：权力与能力

转型期中国劳动者集体组织的行动能力提升实质是赋权过程。根据赋权中的权力来源不同，本书主要探讨两种途径：外部赋权和内部赋权。

（一）外部赋权：政府权力的转移

在中国社会经济体制转型之前，政府部门控制着绝大部分的社会经济资源，并且拥有对绝大部分社会公共事务的决定权。随着中国社会经济体制转型的不断深化和政府部门不断收缩权力范围，而将政府力量逐渐集中在关系到国计民生的重要行业和重要领域。那么，政府机构改革所转移出来的权力将会交给谁呢？对劳动者集体组织而言，原有政府机构的一部分劳动监管职能和服务职能将会逐渐转移出来，交给一些跟原有政府机构具有密切关系的工会组织。这就是外部赋权。

在转型期中国社会的现实场景中，如果劳动者集体组织只关注政府机构改革的权力转移，而忽视社会经济环境变化对工会组织提出的新要求，那么它通过外部赋权获得的组织行动能力将会逐渐减弱。在中国社会经济体制转型过程中，一些工会组织只会简单重复政府部门提出的各种口号，而无法推行切实维护劳动者权益的具体行动。更重要的是，权力与责任是对称的。当某种劳动者集体组织被赋予更大权力和更强组织行动能力时，它也就应当承担维护劳动者利益的更多责任。

（二）内部赋权：从管理到治理的组织变革

随着转型期中国社会经济体制转型的不断深化，各种社会经济组织的主流组织结构逐渐由金字塔形转变为扁平形。与此同时，各种社会经济组织的组织效率提升途径也逐渐由管理转变为治理，这就是内部赋权。本书认为，管理与治理的差异主要体现在：①管理是由领导权威发号施令，下属严格执行，以保证行动目标和行动措施的高度一致性。②治理则是让组织成员参与决策过程，然后共同行动，最后共同承担行动后果。

管理与治理的差异深刻影响着组织成员行为：①在管理过程中，组织成员的行为准则是"不犯错误"；②在治理过程中，组织成员的行为准则是"采取积极行动以获取更大利益"。

转型期中国劳动者集体组织正在逐渐演变为治理型的劳动者集体组织，它正在越来越依赖组织成员的主动参与和积极行动。治理型组织的效率高低涉及两个方面：①如何将分散的劳动者利益整合起来，在求同存异的基础上提炼出劳动者集体组织的行动目标？②如何使数量众多的单个劳动者们联合起来，逐步增强劳动者集体组织的行动能力？

第三节 新时代中国特色社会主义背景下的中国劳动者集体组织未来发展方向

任何理论研究应当着眼于解决现实问题，如此才能保证其现实社会价值。针对中国劳动者集体组织发展的理论命题，我们也需要关注转型期中国社会的现实需要。在回顾过去和剖析现在的基础上，本书认为，新时代中国特色社会主义背景下的劳动者集体组织的未来发展方向将会向多元劳动者的联合发展。

一、党的十九大背景下的中国经济发展格局：新时代中国特色社会主义

2017 年 10 月，中国共产党第十九次全国代表大会在北京召开。作为一次具有里程碑性质的会议，党的十九大提出许多重要思想。其中，最为重要的当属习近平新时代中国特色社会主义思想。从马克思主义政治经济学角度来看，这一重要论断具有两个层面含义：①转型期中国社会面临的主要矛盾由人民日益增长的物质文化需要同落后的社会生产之间的矛盾转变为人民日益增长的美好生活需要和不平衡不充分的发展之间的矛盾。②目前，解决现实问题的基本思路是习近平新时代中国特色社会主义思想。

（一）现实问题：我国社会主要矛盾的转变

转变意味着由旧状态过渡到新状态，因此应当首先阐释旧状态和新状态的差异，才能描述转型期中国社会的时代场景变化。

1. 原有中国社会的主要矛盾

自从 1981 年中国共产党第十一届六中全会以来，中国社会的主要矛盾就被界定为人民日益增长的物质文化需要同落后的社会生产力之间的矛盾。这里的落后的社会生产力主要体现在两方面：①物质财富的匮乏。②文化需求无法得到满足。针对这种局面，1978 年中国共产党十一届三中全会提出允许一部分地区、一部分人先富起来。由此，掀开了中国经济高速增长的历史序幕。

世间事情往往同时存在着正面影响和负面影响。随着中国经济增长过程的不断推进，人们逐渐由共同贫穷转变为一部分先富起来，但也形成贫富差距逐渐拉大的现象。显然，这种结果对于穷人和富人都是不利的，它将会给社会发展带来不稳定因素和不和谐声音。

2. 新时期中国社会的主要矛盾

2017 年，中国共产党十九大将新时期中国社会的主要矛盾界定为：人民日益增长的美好生活需要和不平衡不充分的发展之间的矛盾。它包括以下两层含义。

（1）不平衡是市场经济发展的必然结果。根据马克思主义政治经济学的观点，市场竞争中的企业主必然追求利润最大化，他会尽量压低原材料成本和工资成本，因此劳动者工资将会比企业主收入增长得更慢。换言之，劳动者们将会面临绝对富裕和相对贫穷的尴尬局面。

（2）不充分意味着某些地区或某些行业还存在着社会生产落后问题。特别是随着中国社会经济环境变化，人们将会对生活质量和劳动环境提出更高要求，这就会导致人们的社会需求将会迅速提高，进而导致社会需求比社会供给能力增加得更快，从而造成不充分情况。

（二）解决思路：习近平新时代中国特色社会主义思想

针对转型期中国社会面临的现实问题，党中央提出的解决思路是习近平新时代中国特色社会主义思想。在坚持政治意识、大局意识、核心意识、看齐意识的基本前提下，本书重点阐述其中三个重要关键词：新时代、中国特色、社会主义。

1. 新时代的内涵

随着中国社会经济体制转型的不断深化，中国社会面临的主要问题也逐渐转变，这就要求我们充分认识新形势下的中国社会经济环境。自中国社会经济体制进程开始以来，中国社会中的物质财富不断增加和文化产业不断发展，但社会公众之间的收入差距也在逐渐加大，这意味着中国特色社会主义发展道路上遇到新问题，我们需要探求解决这些新问题的途径。

中国社会经济体制转型的实践经验告诉我们，中国社会发展演进过程正是不断解决现实问题的具体过程。新时代中国特色社会主义是中华人民共和国成立以来，特别是改革开放以来我国社会发展的必然结果，也是中国社会主要矛盾变化的必然结果。进而言之，始终以发展眼光来对待中国社会的各种现实问题，才能始终以积极改革的心态来面对各种现实困难，最终推进中国社会的持续、稳定、健康发展。

2. 中国特色的内涵

中国特色意味着，中国社会发展道路与其他国家的发展道路具有显著差异。根据中国社会发展的现实场景和具体条件，中国经济学者的重要任务就是提出具有针对性和可行性的解决方案。由于经济增长的起始条件不同，我们不能照搬外国经验；由于意识形态和社会价值观差异，中国社会发展道路应当具有独特性和不可复制性。

3. 社会主义的内涵

根据马克思主义政治经济学的经典阐释，社会主义发展的最终目标是实现人类社会的极大自由。在中国共产党十九大报告中，中共中央始终坚持国家发展的社会主义方向，始终把人民利益摆在至高无上的地位，坚持以人民为中心的发展思想。本书始终认为，在中国社会经济体制转型过程中，各级政府部门必须坚持社会主义方向，坚持致力于追求社会公众的共同利益最大化。

特别是在转型期中国社会的现实场景中，我们应当努力协调不同社会群体之间的利益纷争，避免强势群体对弱势群体的利益剥夺，尽量减少中国特色社会主义道路上的发展障碍。唯有正视这些既得利益集团，认真分析它们的产生原因和运作机制，才能采取针对性的行动策略，以保证转型期中国社会的持续、稳定、健康发展。进而言之，在中国社会经济体制转型过程中，"人"的因素始终应该被放在第一位。如果善待弱势群体，帮助他们解决现实困难，重视改善他们的现实处境，那么这些弱势群体将会成为帮助中国社会经济发展的有利因素。

二、中国劳动者集体组织的未来发展方向：多元劳动者的自由联合

本书认为，在中国特色社会主义背景中，中国劳动者集体组织的未来发展方向将会是多元劳动者的自由联合。具体含义包括三个层面：①多元劳动者是中国社会经济体制转型的历史结果。②选择自由是中国特色社会主义的现实要求。③联合行动是中国社会持续、稳定、发展的未来取向。

（一）多元劳动者：中国社会经济体制转型的历史结果

1. 劳动者群体的分化

中国社会经济体制转型过程就是社会分工和社会协作不断细化的过程，这个过程中伴随着劳动者群体的逐渐分化。根据中国学者常凯的观点，转型期中国社会的工人群体主要包括三部分：①城镇蓝领工人群体；②白领工人群体（包括下层管理者和专业技术人员）；③农民工群体[1]。社会学的大量调查资料显示，原来国家体制中的工人阶层则被转化为五类人群，即国家公务员、国有企业经营管理者、专业技术人员、企业工人、城镇失业职工。

转型期中国社会的现实场景中已经逐渐产生一批新型劳动者。例如，货车司机、快递员、护工护理员、家政服务员、商场信息员、网约送餐员、房产中介员、保安员等。这些新型劳动者人群对劳动者利益概念和劳动关系将会有更多理解，也会对劳动者集体组织提出更多要求，这就要求转型期中国劳动者集体组织高度关注这种变化，并且妥善处理好这种变化带来的各种问题。

2. 多维劳动关系的维权机制

转型期中国社会的多维劳动关系特征主要表现在：转型期中国社会的工人不再是一个整体概念，而是分化为数量众多的劳动者小群体，不同劳动者小群体之间存在着利益目标差异，这就形成多维度的社会网络结构。事实上，虽然大多数劳动者集体组织都被称为工会组织，但由于地域环境、行业领域、地方政府态度等诸多因素差异，这些工会组织具有彼此不同的利益诉求和行动策略。

针对多维度的劳动关系，各种类型劳动者集体组织应当合理设计维权机制。主要表现为：①对外方面，各种劳动者集体组织应当明确自己代表的仅仅是特定劳动者小群体的特殊利益诉求。这就要求各种劳动者集体组织在跟政府机构和雇主方面进行劳动关系谈判时，应当将谈判目标始终限制在这些特殊利益诉求的范围之内，而不要任意增加利益诉求目标，避免使劳动关系谈判陷入僵局。

---

[1] 常凯. 中国劳动关系报告——当代中国劳动关系的特点和趋向[M]. 北京：中国劳动社会保障出版社，2009.

②对内方面，劳动者集体组织应当对劳动者们的利益诉求目标进行逐级整合。基层劳动者集体组织应当通过求同存异方式来整合单个劳动者们的分散利益诉求，较高层级的劳动者集体组织应当提炼各种基层劳动者集体组织的具体利益诉求，使之逐渐凝聚形成自己的组织行动目标。

（二）自由选择：中国特色社会主义的现实要求

1. 自由选择的必要条件

根据现代经济学的阐释，市场机制顺利运行的前提条件是市场经济主体能够进行自由选择。这就需要两项重要条件：①经济主体具有主观愿望上的自由选择意志，即他愿意表达自身的独特利益诉求。②经济主体具有客观能力上的自主选择能力，即他能够采取合适方式来开展各种活动。随着中国社会主义市场经济体系的不断完善，劳动者们的自由选择意志和自主选择能力正在不断增强；他们努力尝试通过更多渠道表达自身利益诉求，努力运用各种现代媒体工具来影响社会公众和政府意图。

需要注意的是，劳动者的选择自由是一把"双刃剑"。根据英国学者罗素（Russell）的观点，每个社会都受到两种相对立的危险威胁：一方面是由于过分讲求尊重传统而产生的僵化；另一方面是由于个人主义与个人独立性的增长而使合作成为不可能，因而造成解体或者是对外来征服者的屈服[①]。正因此，转型期中国社会的劳动者集体组织必须始终坚持社会主义国家的基本性质，必须始终坚持维护劳动者利益的组织发展宗旨。

2. 自由选择的权利界限

（1）个人自由。如果任由市场经济主体的自由选择权利进行无限膨胀，那么将会使国家和社会都遭受重大损失。在中国社会经济体制转型过程中，我们不仅要追求国民经济高速增长，更要高度关注市场经济的道德基础，否则中国社会将会既有可能陷入不文明的市场经济之中。

---

① 罗素.西方哲学史（上卷）[M].北京：商务印书馆，1981.

从劳动者集体组织角度来看，我们不仅应当关注物质利益，还应当关注精神利益、尊严、价值观念；我们不仅应当关注单个劳动者的具体利益诉求，还应当关注所有劳动者群体的整体利益和社会利益。

（2）关于"经济人假设"的理解。本书认为，"经济人假设"真实含义是人们在一定权利界限范围内谋求自身利益最大化。这里的权利界限就是限制人们行为的各种约束条件，它由正式规则和非正式规则共同构成，前者包括国家法律和行业规定等因素，后者包括社会道德和风俗习惯等因素。这才是亚当·斯密真正期望的市场经济主体行为特征，即人们将逐利行为置于合理和合法的社会规则限制之内。这也是中国古人追求的理想境界："君子爱财，取之有道"。权利界限就是"道"，这就要求人们不能只是一味追逐利益，而必须考虑社会利益和国家法律法规。

（三）联合行动：中国社会持续稳定发展的未来取向

转型期中国社会的各种社会经济力量必须联合起来，才能获得更多社会经济资源支持，进而保证劳动者集体组织的维权行动能力。

1. 体制内组织转型和体制外组织兴起

在中国社会经济体制转型过程中，政府力量逐渐退出公共领域，而社会力量逐渐获得越来越大的发展空间。在政府力量与社会力量的"一进一退"之间，体制内因素与体制外因素就成为我们考察中国社会经济体制转型的重要因素，这也是我们理解联合行动的重要解释变量。

（1）体制内组织转型。在中国社会经济体制转型的过程中，以国有企业工会为代表的许多行政型劳动者集体组织面临着外部环境的重大变化。在转型期中国社会的这些复杂因素，体制内的劳动者集体组织应当积极调整组织结构和行动策略，以适应社会公众和政府机构对劳动者集体组织的各种新要求。

（2）体制外组织兴起。毋庸讳言，转型期中国社会中的体制外劳动者集体组织正在逐渐兴起。但我们应当高度关注两种不良趋势：①一些体制外劳动者集体热衷于借鉴国外组织的发展经验，以此作为自己设计组织结构的依据。

本书不同意这种做法，因为它忽视了"中国特色"。②一些体制外劳动者集体组织单纯强调对国有企业工会等体制内工会组织的依附和模仿。本书也不同意这种做法，因为它将会使体制内劳动者集体组织产生惰性，其危机意识和组织变革动力将会被逐渐削弱。

2. 政府、企业、社会公共组织的联合行动

虽然本书内容主要着眼于微观层面的劳动者利益协调机制，但我们应当抬起头来观察转型期中国社会的宏观场景，它构成了我们深刻理解微观机制运行的外部环境。

（1）在中国特色社会主义场景中，政府机构、市场企业、社会公共组织共同营造转型期中国社会的多维社会网络。其中，政府机构代表着"公权领域"，市场企业代表着"私权领域"；而两者之间的共同领域则是"公共领域"，这属于社会公共组织的活动空间。唯有通过政府机构、市场企业、社会公共组织的相互合作和联合行动，转型期中国社会才能逐渐走向和谐社会。

（2）劳动者集体组织是一种重要的社会公共组织。转型期中国劳动者集体组织发展路径将会成为我们考察中国社会经济体制转型的重要切入点，具体内容包括：①如果以劳动者集体组织为核心向外扩展，将会呈现社会公共组织；②如果从社会公共组织继续往外扩展，将会呈现由政府机构、市场企业、社会公共组织共同构成的"三维社会经济网络"。这个逐渐扩展的圈层结构意味着我们的研究视野不断拓展。我们应当在坚持中国特色社会主义的前提条件下，努力促进各种社会组织的相互合作和共同发展，逐步构建和谐劳动关系和和谐社会关系，最终塑造规范、有序、公平、合理的社会运行秩序。

最后需要强调的是，在新时代中国特色社会主义市场经济背景下，中国劳动者集体组织应当立足于历史事实，正视现实要求，合理确立组织建设的未来发展方向。唯有如此，中国劳动者集体组织才能实现其组织行动目标，才能满足劳动者集体利益诉求，最终保证转型期中国社会的持续稳定发展。

参考文献

[1] 操家齐. 国家现代化与农民工权利演进[M]. 杭州：浙江大学出版社，2016.

[2] 曹荣，等. 博弈·制衡·和谐：中国工会的博弈制衡与和谐劳动关系建构[M]. 北京：中国社会科学出版社，2011.

[3] 常凯. 劳动关系学[M]. 北京：中国劳动社会保障出版社，2005.

[4] 常凯. 中国劳动关系报告——当代中国劳动关系的特点和趋向[M]. 北京：中国劳动社会保障出版社，2009.

[5] 陈兰. 新生代农民工的发展和归宿[M]. 北京：法律出版社，2013.

[6] 陈卫东. 中国律师学[M]. 北京：中国人民大学出版社，2008.

[7] 陈宜. 律师执业组织形式和律师管理体制研究[M]. 北京：中国政法大学出版社，2014.

[8] 崔驰. 现代市场经济条件下中国合作型劳动关系研究[M]. 北京：经济科学出版社，2013.

[9] 董保华. 十大热点事件透视劳动合同法[M]. 北京：法律出版社，2007.

[10] 董晨鹏. 我的兄弟，我的姐妹：一个工会主席的家访周记[M]. 南京：江苏人民出版社，2014.

[11] 冯同庆. 劳动关系理论[M]. 北京：中国劳动社会保障出版社，2009.

[12] 高爱娣. 中国工人运动史[M]. 北京：中国劳动社会保障出版社，2008.

[13] 国家发展和改革委员会就业和收入分配司，北京师范大学中国收入分配研究院. 中国居民收入分配年度报告（2016）[M]. 北京：社会科学文献出版社，2016.

[14] 国家人口发展战略研究课题组. 国家人口发展战略研究报告 [M]. 北京：中国人口出版社，2007.

[15] 韩福国，罗小俊，林荣日，等. 新型产业工人与中国工会："义乌工会社会化维权模式"研究 [M]. 上海：上海人民出版社，2008.

[16] 何勤. 群体性劳资冲突事件的演化及应对 [M]. 北京：社会科学文献出版社，2014.

[17] 胡建国. 劳资关系治理与工会绩效：基于中国私营企业研究 [M]. 北京：社会科学出版社，2011.

[18] 姜海涛. 深化律师制度改革研究 [M]. 北京：法律出版社，2017.

[19] 李国珍. 农民工的社会流动意识研究：以武汉市的问卷调查与实地研究为例 [M]. 北京：人民出版社，2016.

[20] 李华锋. 英国工党与工会关系研究 [M]. 北京：人民出版社，2009.

[21] 刘明逵，唐玉良. 中国近代工人阶级和工人运动（第二册）[M]. 北京：中共中央党校出版社，2002.

[22] 刘元文. 工会工作理论与实践 [M]. 北京：中国劳动社会保障出版社，2008.

[23] 黎煦. 中国劳动力市场变迁的产权经济分析 [M]. 杭州：浙江大学出版社，2006.

[24] 陆铭. 劳动经济学：当代经济体制的视角 [M]. 上海：复旦大学出版社，2002.

[25] 罗宁. 中国转型期劳资关系冲突与合作研究——基于合作博弈的比较制度分析 [M]. 北京：经济科学出版社，2010.

[26] 陆学艺. 当代中国社会流动 [M]. 北京：社会科学文献出版社，2004.

[27] 吕途. 中国新工人迷失与崛起 [M]. 北京：法律出版社，2012.

[28] 马培生. 劳动经济理论研究 [M]. 北京：经济科学出版社，2011.

[29] 潘泰萍. 新世纪中国劳动关系调整模式的转型研究 [M]. 北京：光明日报出版社，2013.

[30] 秦洁. 重庆"棒棒": 都市感知与乡土性 [M]. 北京: 三联书店, 2015.

[31] 全汉升. 中国行会制度史 [M]. 天津: 百花文艺出版社, 2007.

[32] 权衡, 等. 劳动·资本关系变迁: 中国经济增长的逻辑 [M]. 上海: 上海远东出版社, 2015.

[33] 渠敬东, 傅春晖, 闻翔. 组织变革和体制治理: 企业中的劳动关系 [M]. 北京: 中国社会科学出版社, 2015.

[34] 荣兆梓, 等. 通往和谐之路: 当代中国劳资关系研究 [M]. 北京: 中国人民大学出版社, 2010.

[35] 沈琴琴. 全球视野下的劳动力市场政策 [M]. 北京: 中国劳动社会保障出版社, 2008.

[36] 宋国恺. 农民工体制改革: 以自雇佣的个体农民工城市社会融合为视角 [M]. 北京: 社会科学文献出版社, 2014.

[37] 苏海南. 合理调整工资收入分配关系 [M]. 北京: 中国劳动社会保障出版社, 2013.

[38] 王道勇. 集体失语的背后: 农民工主体缺位与社会合作应对 [M]. 北京: 中国人民大学出版社, 2015.

[39] 王华. 门槛之外: 城市劳务市场中的底层人群 [M]. 北京: 知识产权出版社, 2016.

[40] 王沪宁. 政治的逻辑: 马克思主义政治学原理 [M]. 上海: 上海人民出版社, 2017.

[41] 汪建华. 生活的政治: 世界工厂劳资关系转型的新视角 [M]. 北京: 社会科学文献出版社, 2015.

[42] 王晓慧. 国企工会参与职能与福利职能变迁研究 [M]. 北京: 中国工人出版社, 2014.

[43] 王兴化. 全球劳动关系的演变与中国劳动关系的转型 [M]. 天津: 南开大学出版社, 2015.

[44] 王学东, 张文红. 经济改革和社会结构变迁中的劳动关系 [M]. 北京:

中央编译出版社，2013.

[45] 王珍宝.中国工会转型及其困境：以上海社区劳动者集体组织运作为例[M].上海：上海大学出版社，2015.

[46] 文魁.走向和谐：市场型社会主义劳动关系新探[M].北京：经济科学出版社，2012.

[47] 吴明福.新时期工会信息选粹[M].北京：中国书籍出版社，2008.

[48] 肖艳.博弈与制衡：民营企业劳资关系体系研究[M].长春：吉林大学出版社，2015.

[49] 谢增毅.劳动法的比较与反思[M].北京：社会科学文献出版社，2011.

[50] 许晓军.论社会结构转型中的中国工会[M].北京：光明日报出版社，2015.

[51] 杨海涛.体制转型背景下的中国民间公共组织发展[M].北京：北京大学出版社，2016.

[52] 颜辉.中国工会纵横谈[M].北京：中共党史出版社，2008.

[53] 游正林.地方政府对劳资关系的软性调控：基于浙江省诸暨市的调查[M].北京：社会科学文献出版社，2014.

[54] 原会建.国有企业工会维护职工权益的机制研究——基于某大型企业工会的个案调查[M].北京：人民出版社，2015.

[55] 曾秀兰.珠三角非公企业劳资矛盾调处机制[M].北京：社会科学文献出版社，2014.

[56] 张照贵.经济博弈与应用[M].成都：西南财经大学出版社，2006.

[57] 张宗和.中国民营企业的群体性劳资冲突[M].北京：中国社会科学出版社，2009.

[58] 赵小仕.转轨期中国劳动关系调节机制研究[M].北京：经济科学出版社，2009.

[59] 郑桥.比较视野下的中外劳动关系研究[M].北京：光明日报出版社，2012.

[60] 中国金融工会全国委员会. 工会工作重要文件选编[M]. 北京：中国金融出版社，2007.

[61] 中华全国总工会. 国际工会运动概况[M]. 北京：中国工人出版社，2006.

[62] 周雪光. 组织社会学十讲[M]. 北京：社会科学文献出版社，2009.

[63] 周耀红. 中国社会中介组织[M]. 上海：上海交通大学，2008.

[64] 朱艳圣. 冷战后的日本社会主义运动[M]. 北京：中央编译出版社，2008.

[65] 朱芝洲，俞位增. 冲突到稳定：私营企业劳资关系协调机制研究[M]. 北京：经济科学出版社，2011.

[66] 沃尔夫冈·多伊普勒. 德国集体工资谈判制度[M]. 王建斌，章晓宇，译. 北京：社会科学文献出版社，2014.

[67] 米歇尔·博德. 资本主义史：1500—1980[M]. 吴艾美，译. 北京：东方出版社，1986.

[68] 埃莉诺·奥斯特罗姆. 公共事物的治理之道[M]. 余逊达，译. 上海：上海译文出版社，2012.

[69] 科斯·哈特，斯蒂格利茨，等. 契约经济学[M]. 李风圣，译. 北京：经济科学出版社，1999.

[70] 约翰·W.巴德. 劳动关系：寻求平衡[M]. 于桂兰，于米，于楠，等译. 北京：机械工业出版社，2013.

[71] 罗伯特·B.登哈特. 公共组织理论[M]. 扶松茂，丁力，译. 北京：中国人民大学出版社，2003.

[72] 罗伯特·吉本斯. 博弈论基础[M]. 高峰，译. 北京：中国社会科学出版社，1999.

[73] 斯科特. 组织理论[M]. 黄洋，等译. 北京：华夏出版社，2002.

[74] 沃尔特·W.鲍威尔，保罗·J.迪马吉奥. 组织分析的新制度主义[M]. 姚伟，译. 上海：上海人民出版社，2008.

[75] 理查德·海曼. 劳资关系：一种马克思主义的分析框架 [M]. 黑启明, 译. 北京：中国劳动社会保障出版社，2008.

[76] 伯特兰·罗素. 西方哲学史（上卷）[M]. 何兆武，李约瑟，译. 北京：商务印书馆，1981.

后　记

虽然本书的研究重点是阐释转型期中国劳动者集体组织的发展路径，但关于中国社会经济体制转型的这些理论阐释都是"事后解释"。无论我们做出怎样的解释，都已经是存在的事实。正如仓央嘉措那首著名的诗："你见，或者不见我，我就在那里。"然而，学者的基本任务不能仅仅停留在事实描述层面，理论研究者应当由具体事实中提炼出抽象理论框架，不断增强人们对真实世界的理解能力和预见能力。因此，本书希望将研究过程的点滴想法呈现出来，与君共同体会。

一、由事实到理论

在考察转型期中国劳动者集体组织发展的事实基础上，本书正在努力尝试构建关于转型期中国劳动者集体组织发展路径的理论解释框架。通常情况下，由事实到理论的分析过程应当包括六个步骤：①设置前提条件，即描述该问题所处的现实社会经济环境。②严谨的逻辑推理和理论模型构建。③通过理论推导过程得到的理论结论。④根据真实世界的数据资料对理论结论进行实证检验，考察理论结论的现实合理性，并对实证检验结果和理论结果进行对比，探寻两者之间的差异及其原因。⑤根据对比结果来修正原有理论模型，不断增强理论模型的现实解释能力。⑥针对现实问题，提出政策建议。由此可见，从事实考察到理论分析的研究过程始终贯穿着"问题导向"，因为理论研究的最终目标是解决现实问题。

二、中国渐进式改革经验

劳动者集体组织是我们考察中国社会经济体制转型的重要样本。那么，中国社会经济体制转型的"中国特色"究竟是什么呢？本书认为，中国社会经济体制转型的顺利进行源自一项重要国家行动策略：渐进式改革。沿着渐进式改革路径，转型期中国社会依靠"摸着石头过河"方式来逐步解决发展过程中的一系列现实问题。在中国社会经济体制转型初期，改革先行者们并未提出任何先验的理论假说，而是以务实态度认真分析和解决当时中国社会面临的现实难题，结果恰恰保证了中国社会经济体制转型的顺利进行。

本书认为，转型期中国社会的劳动者集体组织应当继续坚持渐进式改革思路，切实解决劳动者集体组织发展过程中面临的一系列现实难题。通过"小步快跑"方式，而不是"大踏步"方式；转型期中国劳动者集体组织才能将各种不稳定因素控制在最小范围之中，进而逐步实现组织行动目标，最终营造社会公众和政府机构希望的和谐社会。

三、中国社会的网络化场景

中国社会场景和世界格局都正在发生深刻变化：传统社会体系是"线性化"的，现代社会体系则具有"网络化"特征。具体而言：①传统社会场景是"峰峦叠起"，一个个行业领域就像一座座山峰。其中，那座最高的山峰标志着社会最重要行业，占据着山峰顶点的优秀者们具有高度行业权威。②在转型期中国社会的现实场景中，"峰峦叠起"特征正在逐渐消失，取而代之的是"山脉连绵"的社会网络结构；这张社会网络中的每个节点都连接着各种社会经济力量；节点的大小和位置高低决定着它们在社会网络中纽带作用的重要性。

在现代社会的"网络化"场景与传统社会的"线性化"场景中，各种社会经济组织的行动策略具有差异：①在传统社会的"线性化"场景中，如果某个社会组织能够拥有信息渠道或市场行动方面的垄断权力，那么它就会成为行业权威，这意味着它在"山峰"中的更高位置。②在现代社会的"网络化"场景中，如果某个社会经济组织希望成为社会网络中的重要节点，那么它就需要依靠广泛结交朋友、扩大组织影响力、增强话语权等多种方式。

我们应当坦率地承认，"网络化"场景正在对转型期中国劳动者集体组织产生深刻影响。例如，国有企业工会的信息传递渠道是"线性"的，基层组织通常单方面接受上级组织的命令和指示，但转型期中国社会的劳动者集体组织则需要重视"网络化"的信息传递渠道，它们需要熟练运用微信、微博、QQ、抖音等现代媒体工具进行信息发布，并且加强组织成员之间的相互沟通。

四、中国社会的"多极化"特征

随着中国社会经济体制转型的不断深化，转型期中国社会中的各种社会群体正在迅速分化，它们正在形成多元化的各种社会利益集团，不同利益集团代表着不同类型特定人群。我们可以设想，当政府机构或者社会公众提议某项行动计划时，所有人都赞同或者所有人都反对的场景将会很少出现，更可能出现的场景是一些人赞同而另一些人反对。

本书始终认为，中国传统社会的中庸思想应当是协调各种利益集团纷争的重要工具。在中国社会发展的未来场景中，各种利益集团应当相互制衡和相互妥协，它们之间将会形成相对平衡的格局。进而言之，我们希望看到的不是"东风压倒西风"，而是和平共处。唯有如此，转型期中国社会的各种社会经济组织才能齐心合力，共同推动中国特色社会主义市场经济体系的持续稳定发展。